INDICATEUR

INDICATEUR

QUATRE

PROMENADES

HISTORIQUES ET PITTORESQUES

DANS LA FORÊT DE FONTAINEBLEAU

Par M. A. DURAND.

> Les bois sont la patrie des chants;
> de l'amour et des rêves.

Fontainebleau

CHEZ L'AUTEUR, GRANDE-RUE, ET LES LIBRAIRES.

—

1851.

A toi, toujours à toi, cité qui m'as vu naître ;
A toi mes chants, mes vœux jusqu'à mon dernier jour ;
Poète, amant je voue à ton site champêtre
Tout ce que j'ai reçu de génie et d'amour.

D.

AVANT-PROPOS

———

Depuis longtemps nous prenons à tâche de signaler aux promeneurs les beautés pittoresques de la forêt de Fontainebleau, et de retracer les faits historiques qui se sont passés sous ses ombrages : poétique labeur, sainte exaltation du sol natal, dont l'industrie s'est emparée pour l'ériger en spéculation.

Dans nos poëmes, ainsi que dans le livre consacré à Napoléon, nous avons parlé des souvenirs de gloire et d'amour que rappellent les Rochers de Franchard, les Gorges d'Apres-Monts, la Mare-aux-Évées, la Fontaine d'Épizy, la Gorge-aux-Loups, etc., etc. Aujourd'hui nous venons faire connaître les autres points dont l'histoire n'a pu entrer dans nos cadres précédents.

Ce sont ici des promenades dont une partie a déjà été publiée, sous ce titre, dans le journal en 1844 et 1849. Elles rayonnent aux quatre points cardinaux et conduisent aux sites les plus curieux de la forêt. Certaines directions nous eussent offert des épisodes plus gais, plus piquants, mais si empreints de superstition et parfois si graveleux, que le respect public a dû nous les interdire. Au nombre de ceux que nous avons choisis, et dont nous indiquerons la source, il en est deux qui n'ont jamais été écrits et ne sont venus jusqu'à nous que par la tradition populaire. Dans ces petits drames, à l'exemple de tous les artistes, nous nous sommes permis de copier des modèles vivants pour les portraits de nos héroïnes..... fantaisie non répréhensible, et qui ne peut qu'ajouter au charme d'un ouvrage de pur agrément.

Donnons d'abord une idée générale de notre sujet.

La forêt de Fontainebleau, vaste, inculte, d'une beauté sévère, majestueuse, ayant des points de vue admirables et des sites d'une horreur effrayante, est, à beaucoup d'é-gards, un diminutif des Alpes. Ses vieux arbres, sa profonde solitude, ses nombreuses collines, la masse imposante de ses rochers, tout prouve qu'elle fut, dans la Gaule, l'une de ces contrées où les Druides accomplissaient les mystères de leur affreuse religion.

On parle avec enthousiasme des savanes du Nouveau-Monde, de ces forêts vierges si pleines d'arbres odorants, que les habits du voyageur en conservaient longtemps les parfums;..... je demande si la nôtre n'en est pas l'image la moins imparfaite? Où voit-on des lieux plus poétiques, plus solitaires et plus inextricables? Quels bois cachent un pareil nombre de belles allées couvertes, sombres et dont le sol est tellement gazonné, qu'elles semblent vierges de pas humains?

Et cependant, notre forêt n'est citée ni même désignée dans aucun auteur des premiers temps : César, qui la traversa plusieurs fois, n'en fait pas mention dans ses Commentaires; il dit seulement qu'après la prise de Lutèce, les habitants qui échappèrent à la cavalerie romaine, se réfugièrent sur les montagnes et dans les bois des environs.

Ce n'est qu'au onzième siècle qu'un moine de l'abbaye de Fleury, *Helgault*, parle de la forêt surnommée de Bière, à cause d'un chef danois qui, en 845, campa avec son armée dans nos cantons où il exerça mille cruautés. Au XIV° siècle, elle quitta le nom de *Bière* pour prendre celui de la cité qui venait de naître sous ses ombrages. Voilà généralement tout ce que l'on sait de l'origine de notre forêt. Nous avons bien fait quelque découverte à ce sujet; mais ce sera pour l'ouvrage qui suivra celui-ci.

Les révolutions physiques qu'elle a éprouvé sont également peu connues; nous ne croyons pas qu'elles aient occupé les naturalistes : aucun d'eux n'a fixé l'âge géologique ni expliqué la formation de ces montagnes de sable qui, rangées sur plusieurs lignes parallèles, suivent la direction du soleil dans son vol céleste; pareilles aux vagues d'une mer soulevée par l'ouragan, et qu'un souffle de Dieu aurait tout à coup pétrifiées!...

Ce phénomène qui modifie si étrangement la surface du sol, est il l'effet du dernier cataclisme? le produit d'un tremblement de terre? ou d'une éruption volcanique? Questions profondes que nous agiterons sans avoir la prétention de les résoudre, car notre objet principal est de peindre à grands traits, sans trop approfondir.

C'est dans ce vaste amas de bois, de rochers et de montagnes que Robert et Saint-Louis venaient prier; que Louis VII, Philippe-Auguste, François Ier, Louis XIV et Napoléon ont passé leurs plus doux loisirs. C'est là qu'attirés par cette poésie mystérieuse des grands bois, Castel, Fontanes, Châteaubriand, Béranger sont venus moduler quelques vers; et que chaque année, dans les beaux jours, des colonies de jeunes artistes des deux sexes, viennent reproduire sous leurs pinceaux quelques unes de nos vieilles colonnes végétales qui font l'admiration universelle.

C'est, enfin, à travers ce labyrinthe sauvage que nous allons errer de concert avec la muse de la méditation, et en demandant à chaque débris son histoire. Ce ne sera donc, à vrai dire, qu'une longue rêverie; genre, dit-on, qui promet peu de lecteurs : qu'importe! en fait de lecteurs, nous préférons la qualité à la quantité, nous visons moins à un succès d'argent qu'à un succès d'estime.

Puissent ces études descriptives contribuer à l'illustration de ma ville natale; puisse la lecture en être aussi agréable dans le cabinet que sur le terrain, et donner quelques amis de plus à nos poétiques déserts; c'est, du moins, ce que nous nous sommes proposé en publiant ces pages écrites sous l'inspiration du moment.

PROMENADES ET IMPRESSIONS

DANS LA FORÊT.

—

SECTION PREMIÈRE.

—

LES ROCHERS.

> Parcourons ces rochers, ces mille blocs énormes,
> Dont un esprit fantasque a dessiné les formes.
>   D.

Plaçons notre premier point de départ au pied
du pavillon de la Porte-Dorée : voûte antique élevée sur l'emplacement de la primitive entrée du
Palais. En 1539, lorsque Charles-Quint vint à
Fontainebleau, les historiens ont remarqué qu'il
montait un cheval noir, et le roi de France un
cheval blanc; mais en quittant la ville, l'empereur
montait le cheval blanc, et son hôte le cheval noir,
était-ce une affaire de chevalerie?

La chaussée sur laquelle nous avançons est
l'œuvre de François Ier. En 1713, la vieille favorite

Maintenon fit planter ces beaux tilleuls. Quelles ombres ces lieux rappellent : Charles-Quint et e Roi-Chevalier : Louis XIV et son cortége de jolies femmes ; Napoléon et le pontife de Rome ; savants, artistes et hommes de guerre ; quelles splendeurs passées, quel calme de nos jours !

A droite, portons nos yeux sur ce lac triangulaire dont l'onde environne un merveilleux pavillon,

Ile blanche et ronde
Qui ressemble au palais du monarque de l'onde.

Ce bassin baigne à ses rives d'élégantes façades et mille touffes de verdure qui se réfléchissent dans son miroir tranquille, et augmentent par leurs images factices les beautés naturelles du lieu. Quelle magie dans ces fictives reproductions ! Rien de plus enchanteur que l'aspect des monuments qui avoisinent les eaux.

Parlerons-nous des énormes carpes de cette pièce d'eau ? On les dit plus vieilles qu'elles ne le sont : en 1814, les Cosaques ont eu l'adresse de n'en pas laisser une, et ces messieurs les ont mangées. Celles que l'on voit maintenant ne peuvent dater que de cette époque.

A gauche, la vue plane agréablement sur un vaste parterre orné de fleurs, de verdure et de fontaines dont l'une est jaillissante. Au loin, le canal du parc fuit entre deux masses de verts ombrages. Ces lieux abondent en souvenirs. Que de faits nous aurons à raconter dans nos Mémoires historiques sur le Palais de Fontainebleau! Amour, ambition, vains et puissants pivots sur lesquels tourne le monde, que de soucis vous causez, que d'agitations pour si tôt disparaître.

Ne quittons pas l'allée Maintenon, sans jeter les yeux sur la boîte en fer du réverbère de droite: le 17 février 1814, à dix heures du matin, une balle ennemie a traversé les parois de ce petit coffre!... Pour ralentir notre marche victorieuse, les Autrichiens, après avoir fermé cette grille, en avaient lié les barreaux avec une douzaine de mouchoirs; puis, retranchés derrière les plus gros arbres, ils dirigeaient sur nous un feu roulant, dès qu'ils nous voyaient approcher. Nous voulûmes leur couper la retraite en passant par les Héronnières du parc; mais, soit trahison, soit fatalité, on ne put jamais trouver les clés de la porte extérieure. Il nous fallut revenir à la grille et couper tous ces mouchoirs à la barbe de l'ennemi, que nous poursuivîmes jusqu'à Moret. Voyez comme tous ces barreaux portent l'empreinte des balles étrangères!

Voici une avenue plus ombreuse que celle que

nous quittons. Ces beaux ormes furent plantés
l'année de la mort de Marie-Thérèse. Est-il nécessaire de rappeler que c'est François Ier qui a mul-
tiplié l'orme dont l'essence était presque inconnue
dans nos forêts.

C'est dans cette allée que le marquis de Rosny
déchira la promesse de mariage que Henri IV avait
souscrite à Mlle d'Entragues. — Etes-vous fou,
Sully? lui dit le monarque irrité. — Je le suis
moins que votre Majesté! répliqua l'austère serviteur.

A notre droite, sont des constructions fort simples
appelées le Carrousel. C'est sur son emplacement
qu'en février 1564, Charles IX, de triste mémoire,
donna à sa Cour une fête galante en forme de tour-
noi. C'est également là, qu'en 1606, pour célébrer
le baptême de Louis XIII, eut lieu une autre fête
semblable et plus somptueuse encore. Pour en donner une idée, disons que la robe de la reine était
semée de trente-deux mille perles, et de trois mille
diamants. Nous ne parlerons pas de ces divertissements qui ne furent que l'exacte répétition de celui que donna Charles IV, fête qui formera l'épisode principal de cette promenade.

En prenant obliquement à gauche, on arrive à
une large voie transversale qui démasque d'un

côté, une partie du Palais, et se prolonge, à droite, jusques sous les ombrages de la forêt ; c'est ainsi que l'une des plus belles habitations de l'homme, s'unoit aux charmes de la nature pour intéresser le contemplateur.

Ce point rappelle quelques souvenirs :

En 1803, un cavalier du 10ᵉ régiment de chasseurs, en garnison à Fontainebleau, eut le malheur de frapper deux femmes de coups de sabre !.,... Condamné pour ce fait à la peine de mort, on l'amena sur cette place destinée à son supplice. Ce n'était alors qu'une vaste plaine de sable. Une voiture vide suivait à quelque distance.

Peut-être cet infortuné avait-il encore l'espérance d'échapper au trépas. Mais, en se retournant par hasard, il vit le fatal tombereau..... Ah ! s'écria-t-il douloureusement : *on est trop sévère !...* *Malheureux que je suis !.....*

Après avoir embrassé ses camarades, sans vouloir qu'on lui bandât les yeux, il alla se mettre à l'endroit indiqué... on ne lui en donna pas le temps ; il tomba à six pas, percé de douze balles !...

Non loin de là, une jeune femme demandait grâce, en poussant des cris, et se débattait entre les bras des personnes qui l'empêchaient d'approcher de cette triste scène... C'était l'amie du supplicié.

Voici l'autre fait :

En juin 1814, les grenadiers de l'ancienne Garde étaient réunis en ce lieu, afin de recevoir les étendards du nouveau régime. Pour rendre la cérémonie plus auguste, on avait célébré l'office divin sur un autel de gazon magnifiquement orné, et béni les drapeaux blancs avec une pompe inaccoutumée. On aborda ensuite les joies d'un festin splendide : le vin coulait à flots pour séduire et captiver ces braves. Après de copieuses rasades, et quand on crut le moment favorable aux acclamations, on provoqua le cri général de *vive le Roi! vivent les Bourbons!* mais ô surprise! une faible partie seulement obéit à cet ordre ; tout le reste cria : *vive l'Empereur!* avec un entrain digne des beaux jours de l'Empire. Nous reviendrons sur ce sujet dans la seconde promenade.

Maintenant, entrons en forêt ; abordons la montagne ; si elle paraît aride aux regards, l'histoire l'a rendue féconde en souvenirs.

Un petit préambule est ici nécessaire.

Ces hauteurs sont depuis longtemps sillonnées de nombreux sentiers tracés par l'indécision des promeneurs, et se croisant au hasard comme se croisaient leurs pensées. Celui que nous allons suivre vient d'être fait par M. Bournet, et nous en rendîmes compte dans le journal de Fontainebleau. Mais, plus tard, lorsque nous y retournâmes, nous vîmes à toutes les sections des signes bleus que les Anglais appellent des éteignoirs : l'idée de marquer le chemin pour retrouver sa route, est, comme on le sait, renouvelée du Petit-Poucet; voilà comme on gâte tout à force de raffinement.

Nous ne sommes pas non plus très partisan des nouveaux sentiers; ils civilisent trop certaines parties de la forêt, dont le plus grand charme est dans sa sauvagerie. Cela dit, continuons notre promenade en nous attachant moins aux objets qu'aux aspects généraux.

Après avoir un peu monté sur une route large et légèrement sinueuse, un jeune châtaignier nous indique, à gauche, un sentier qu'il faut suivre. Au reste, puisqu'il y a des signes indicateurs, nous ne parlerons plus des détours.

Voici plusieurs groupes de rochers fort bizarres ; ils sont si étrangement conformés, que le promeneur ne manque pas de trouver en eux l'image de quelques monstres! Celui près duquel nous passons, étonne, surtout, par la mâle rudesse de ses contours.

Bientôt on arrive à l'Homme qui veille et à l'Homme qui dort. Le premier, dit-on, est un géant antédiluvien pétrifié, et à moitié couché, le coude appuyé sur la bruyère ; on distingue toutes ses formes sous la draperie de son manteau.

Le second est une masse plus énorme, où l'on voit étendu, comme sur un sarcophage, un colosse trépassé : c'est le lit de *Procuste*, fameux voleur. La nature a tellement favorisé ces deux blocs, qu'un peu de travail suffirait pour qu'ils fussent réellement ce qu'ils ont grande envie de paraître.

Vient ensuite un étroit couloir frayé entre les rochers. Puis, sur une petite plate-forme, à mi-côte de la montagne, se montre une espèce de grotte. C'est quelque monument en ruine que la nature s'est plue à jeter sur ce côteau. On lit sur la paroi : *amour*, *cruel amour !* phrase certainement écrite par quelque beauté trop sensible avant mariage : nous ne connaissons pas cette histoire.

Notre méandre descend dans une petite vallée, et remonte aussitôt vers une roche que la foudre a frappée et fendue, sans pouvoir la diviser. Il ne faut pas de si grands chocs pour désunir à jamais les pauvres humains.

Viennent plusieurs groupes de gigantesques rochers aux profils anguleux et fantasques. Deux pauvres petits arbustes, craignant d'être étouffés dans ce voisinage, se sont avisés de prendre racine sur le front de ces colosses. Heureux, dans la vie, quand le fort ne dédaigne point de soutenir le faible! C'est ainsi que de toutes les scènes de la création, il peut sortir des idées de morale.

Nous passons encore au milieu d'un déluge de rochers curieux par leur aspect amphibologique. nous traversons plusieurs souterrains, ce qui n'est pas à dédaigner dans les grandes chaleurs. Voyez comme ces rocs ouvrent vers le ciel des échappées de vue carrées, en cercle, en ogive ; ne dirait-on pas que tout cela est arrangé pour plaire et sur-prendre?

La scène change ; les rochers cèdent la place à la végétation. On prend à droite, et l'on côtoie une petite vallée bornée au nord par la route de Moret ; route sur laquelle apparut à Louis **XIV**, en 1699 le mystérieux *Chasseur-Noir.*

> De quel droit troubles-tu mon agreste manoir,
> Mortel audacieux! dit le fantôme noir.

Ce mystérieux personnage daigne, dit-on, se manifester tous les cent ans; il était apparu à Louis **XII**, en 1499 ; et à Henri **IV**, en 1599. Ces contes charment encore quelques personnes ;

2

que faut-il en conclure ? Que la plupart des hommes sont faits pour croire et non pour être éclairés.

Nous rejoignons l'ancienne route, et notre marche se trouve un peu allégée par la facilité du chemin. Après six cents pas environ, la route se bifurque; il faut prendre à droite et monter; tant mieux! lorsque la scène s'agrandit, l'âme s'agrandit avec elle, et l'on est plus fortement pénétré de l'être inconnu dont le spectacle de la nature réveille toujours en nous l'idée grandiose.

Un siége-omnibus, taillé dans le roc, se présente très à propos : c'est le banc des Vieillards. Il est bien vieux, car nos pères n'en connaissaient pas l'origine.

Plus loin s'ouvre, à gauche, un petit sentier assez rapide; il conduit au point culminant de ces montagnes. Là, se trouve une haute barrière formée de quatre roches bien distinctes. Leur dimension gigantesque, leur isolement au sommet de ce sol si tourmenté est vraiment un prodige. Ce sont les Roches-*Blanche*; tout à l'heure, nous dirons pourquoi on les appelle ainsi. Elevons-nous à leurs cîmes, afin de jouir du coup-d'œil qui est admirable. C'est l'un des mornes les plus élevés de la forêt, et qui présente un étonnant spectacle. Cette chaîne de rochers dont nous occupons le point cul-

minant, est comme un navire submergé dans une
abondante végétation. Les bois couronnent de
toutes parts l'horizon ; mais dans ce cadre, quel
tableau ! Esquissons-le rapidement.

Remarquons, d'abord, ces rares et grands sapins ; ils s'élèvent si droits et si dépourvus de
branches latérales, qu'on les prendrait pour des
palmiers africains. Autour de nous, sont des mil-
lions de jeunes arbres dont les rameaux d'une verdure éclatante, contrastent avec la matière brute
des rocs semés autour d'eux.

En face de nous s'étend la ville de Fontainebleau, dominée par le riche Palais qui fut en
France le premier édifice digne d'un grand roi.
A droite, l'antique village d'Avon, dont les habitants ont conservé, dit-on, la taille et le type gau-
lois. Tout auprès, se dessinent les courbes gracieuses du viaduc que parcourt le rapide et noir
vaisseau de feu navigant à grand bruit sur son canal de fer. Partout le triple éclat de la sombre
verdure, de la pâleur des sables et de la pourpre
du soleil ; puis, à l'horizon, les masses de la majestueuse forêt dont les vagues d'ombrages s'unis-
de toutes parts à la courbe d'azur du ciel. Ce tableau réunit tant de grandeur à tant de beauté, que
l'imagination a quelque peine à ne pas croire à
une rêverie contemplative.

Comme tous ces aspects en grand du ciel et de la terre, ont je ne sais quoi de sublime et d'idéal qui fait rêver! Debout sur ces roches, on ressemble au génie sauvage de ces forêts, et l'on excuse, en quelque sorte, les idées de nos ancêtres sur la Divinité : les Francs, dit-on, reconnaissaient un Dieu ; mais ce grand Être n'avait point de nom, point de forme, point de temple ; c'était au sein de la nature, dans les bois et sur les montagnes qu'ils allaient l'invoquer.

C'est ici, au pied de ces roches, du côté du nord, que s'est dénoué, au quatorzième siècle, un drame touchant et terrible! (Voyez les annales des cours de l'Europe, par Gueudeville, édition posthume). Voici cette histoire que nous avons un peu abrégée.

BLANCHE DE BOURGOGNE

Episode du XIVe siècle.

. . . . Je vous ai pardonné
Pour l'instant de bonheur que vous m'avez donné

Charles IV, dit le Bel, avant de régner sur la France, avait été fiancé à *Blanche* de Bourgogne, encore au berceau. Cette formalité entraînait de graves inconvéniens : parler mariage, offrir en pers·pective la couche nuptiale à de très jeunes personnes, c'était les disposer à l'amour avant l'âge, c'était éveiller en elles des désirs prématurés, et quelquefois des passions ardentes. Il en survenait des liaisons naturelles qui enlevèrent maintes fois à l'innocence sa couronne virginale. La fiancée de Charles fut, dit-on, une de ces victimes ; on l'accusa de n'avoir apporté dans le lit de son époux que des charmes déflorés..... Quoiqu'il en soit, la chronique nous fait de Blanche le portrait le plus séduisant.

Cette jeune fille, assez grande pour son âge, et d'une extrême finesse de taille, avait la blancheur du cygne et autant de fraîcheur que la plus belle santé en réclame. Elle était blonde, jolie, pleine de grâces ; on remarquait dans ses yeux, dans son regard timide et velouté, cette lumière, ce fluide qui donne au coup-d'œil l'expression de la tendresse et de la volupté ; et à la moindre émotion, une teinte rose se répandait surabondamment sur ses joues. Ajoutez à ces avantages, de l'esprit et de l'enjouement, et jugez si avec tant de charmes elle pouvait échapper à la séduction.

De hauts et puissants barons, pour s'en faire aimer, lui avaient offert leurs trésors ; mais le cœur d'une femme est un bien que tout l'or du monde ne saurait jamais acheter ; et à ce propos, notre malin chroniqueur cite le distique suivant :

Qu'elle ait une houlette ou bien une couronne,
Fille aime à se donner et non pas qu'on la donne.

Avant de venir à Paris pour la consécration définitive de son hymen, Blanche avait connu à la cour de son père, un jeune et aimable chevalier n'ayant d'autre illustration que son aventureux courage. Cet heureux mortel se nommait de Launoy. Il paraît qu'il se fit aimer sans rien obtenir de son amante; qu'il la suivit partout, de près ou de loin, pendant cinq années, et qu'il lui demeura fidèle jusqu'au trépas.

Ces derniers mots devraient réhabiliter la réputation de cette infortunée princesse; car il passe pour certain que

Les amours malheureux font les amants fidèles.

Blanche n'avait que quinze ans lorsqu'elle épousa Charles. Philippe-le-Long, son frère, régnait encore et ne pouvait avoir de postérité masculine. On conçoit que les jeunes époux étaient remplis d'espérance. Cependant Blanche, non plus, ne devenait pas mère, et sa vivacité naturelle ne lui permit pas de garder la modestie convenable à la compagne de l'héritier royal ; de sorte que la bonne intelligence ne dura guère entre les époux ; et l'é-

pouse attribuait à son infécondité seulement le
mécontentement du roi futur.

Charles, enfin, monta sur le trône; et voulant
absolument avoir un fils qui lui succédât, il répu
dia Blanche pour cause d'inconduite; il la fit enfermer au Château-Gaillard, et épousa la fille de
l'empereur *Henri*, laquelle étant morte en couche,
mit Charles dans la nécessité de convoler en troi-
sièmes noces avec *Jeanne*, sa cousine, fille du comte
d'Evreux; union qui paraissait encore devoir être
stérile.

Deux ans après ce dernier mariage, en 1325,
le roi Charles eut la visite de sa sœur *Isabelle* qui,
à quatorze ans, avait été mariée à *Edouard*, roi
d'Angleterre. Cette reine avait les deux qualités les
plus séduisantes de son sexe: l'esprit et la beauté;
mais elle en avait aussi de dangereuses: l'amour et
l'ambition. Elle venait, en apparence, pour pacifier
les différends survenus entre son frère et son époux;
mais le véritable but de son voyage était d'obtenir
les secours de la France pour renverser les ministres
d'Angleterre, ses ennemis personnels.

Charles, qui avait conservé beaucoup d'affection
pour Fontainebleau, sa ville natale, se transporta
dans cette résidence, et y reçut sa sœur avec toute
la pompe imaginable; mais les deux reines ne pu-

rent être amies : *Jeanne* était sage; *Isabelle* ne l'a-
vait jamais été.

A cette époque, le palais de Fontainebleau ne
consistait qu'en quelques bâtiments crénélés, et
décrivant, à peu près, un ovale appelé *Cour du
Donjon*. L'architecture de ce manoir ressemblait à
celle des châteaux de la vieille armorique. Le fe-
nestrage barré de croisillons en pierres, était des
ouvertures étroites et hautes, fermées de vitraux
plombés et encadrés de touffes de lierre. L'entrée
principale s'ouvrait au midi, à la place de celle que
nous voyons aujourd'hui; elle formait une ogive
surmontée du royal blazon portant trois fers de
lance.

Cet édifice de forme irrésolue, était flanqué de
quatre tours carrées, et environné d'un large fossé
dont une partie subsiste encore. A l'orient, s'étendait un large préau où l'on venait prendre ses
ébats dans les beaux jours. Au nord, une chapelle;
au midi, un couvent de Mathurins; aux alentours,
quelques chaumières isolées et de toutes parts pres-
sées par les bois; voilà l'ensemble du palais et du
village de Fontainebleau, au quatorzième siècle.

On était à la fin de juin. L'ancienne bannière de
France, portant fond bleu, relevé d'une croix rouge,
flottait sur les tourelles du manoir. (On sait que

ce n'est que sous Charles VII, que le drapeau blanc
fut introduit en France) Ce jour là, on y menait
joyeuse vie. Pour surprendre agréablement sa
sœur, Charles avait commandé les apprêts d'une
fête champêtre dans laquelle il devait y avoir spectacle, jeux et festin. L'emplacement était au pied
et au couchant de la montagne sur laquelle nous
sommes maintenant; à peu près où l'on voit aujourd'hui un jeune bois de pins.

La veille de la fête, un inconnu remit à la reine
d'Angleterre le billet suivant :

« Chère et noble dame,

» Une infortunée, opprimée en France, comme
» vous l'êtes en Angleterre, supplie votre Majesté
» de vouloir bien lui accorder un entretien secret.
» je ne puis me présenter au castel : daignez m'in-
» diquer un lieu sûr où je puisse vous communi-
» quer mes desseins; ils sont relatifs à la prospé-
» rité des deux royaumes, et vous aideront, je l'es-
» père, à vous venger de vos cruels ennemis.

» Le fidèle serviteur qui vous remettra cette
» lettre, attendra vos ordres. »

Isabelle, habituée aux aventures, fut ravie de
saisir une circonstance qui pouvait lui devenir favorable. Elle répondit sans hésiter, qu'elle parle-

rait à l'inconnue à l'heure de midi, le jour et à l'endroit que désigneraient leurs messagers.

Le rendez-vous était ici, au pied de ces roches.

Le lendemain, les deux dames, conduites par leurs confidents, ne se sont pas plutôt envisagées, qu'elles se reconnaissent et s'embrassent mutuellement : l'inconnue était Blanche de Bourgogne, première épouse du roi Charles !... Après s'être assurées qu'elles ne pouvaient être surprises, elles s'assirent et Blanche parla ainsi :

« Vous savez, ma chère sœur, que le chagrin » de ne pouvoir être père, joint à la calomnie qui » me poursuit, ont si fort irrité mon époux contre » moi, que, sans égard pour mon rang et ma jeu- » nesse, il me répudia et me fit enfermer.

» Je me consolais dans ma prison, en songeant » que peut-être une autre femme lui donnerait un » fils qui, en maintenant la loi salique, sauverait le » pays de la guerre civile. Mais, vous le voyez, » aucune des épouses du roi ne devient mère, la » France s'inquiète et Charles n'est pas heureux.

» Un soir qu'après avoir fait ma prière à l'Eter- » nel, je m'étais endormie dans ces pénibles ré- » flexions, un songe merveilleux vint me visiter : » Je cueillais des fleurs dans la campagne, et j'en » formais un bouquet que je destinais à mon in-

» juste époux, en gage de souvenir. Mais aussitôt
» que les fleurs étaient dans ma main, elles se
» changeaient en fruits délicieux ! Ce prodige me
» remplit d'étonnement et de joie. Je me hâtai d'ap-
» peler le savant astrologue de la cour, afin qu'il
» m'expliquât ce songe bizarre. Après avoir con-
» sulté son grimoire et les astres, le vieil *Eléazar*
» me dit ces paroles :

« *Madame, ces transformations fécondes entre vos*
» *mains, sont assurément un signe de maternité.* »

« Ainsi, vous le voyez, ma chère sœur, le ciel a
» pitié de moi. Dès lors, ma résolution fut bientôt
» prise : je séduisis mon geôlier et recouvrai ma
» liberté. Maintenant, voici mon projet :

» Une grande fête se prépare au sein de cette
» sombre forêt. A la faveur de la confusion inévita-
» ble dans ces sortes de divertissements, je me tra-
» vestis et me mêle aux personnages fantastiques
» qui seront en scène. Dans le cas où le roi serait
» déguisé, dites-moi à quel signe je pourrai recon-
» naître sa personne. Je m'empare de lui en folâ-
» trant, je l'égare dans ces rochers, je reçois ses
» embrassemens et me fais reconnaître... Je le sup-
» plie, ensuite, de me replonger dans un sombre
» cachot..... ma captivité ne sera pas longue, car je

» suis sûre d'avoir un fils dont la naissance me
» réconciliera avec mon époux. Alors je serai heu-
» reuse et puissante; alors, ma chère sœur, la
« France armera par mes ordres, chassera vos
» ennemis et vous remettra souveraine absolue
» sur le trône d'Angleterre.

Isabelle, qui n'avait jamais été bien scrupuleuse dans l'accomplissement de ses passions, promit de seconder de tout son pouvoir les étranges fantaisies de sa belle-sœur. Elle dit à Blanche :

• Tous les chevaliers seront travestis sous le
» même costume. Mais le roi aura sur sa poitrine
» le médaillon blanc de St-Charles, qui ne le quitte
» jamais. »

Cela dit, les deux reines s'embrassèrent et se séparèrent en se jurant une éternelle amitié.

Le jour, ou plutôt le soir de la fête arriva. La nuit fut chaude et belle. L'astre nocturne, éclairant la forêt de ses pâles rayons, produisait un contraste admirable avec les rouges clartés des illuminations; tout était vie et mouvement au castel.

A la nuit close, spectateurs et convives s'acheminent le long du marais, qui est maintenant un étang, vers une colline qui leur barre le passage; on y avait pratiqué un souterrain par où l'on passa. On tourna à gauche et l'on vint prendre place entre

le point où nous sommes et la montagne d'Henri IV,
sur une éminence aujourd'hui couverte d'un
jeune bois de chênes, de pins et de châtaigners.
Là, se trouvaient mille bancs de gazon élevés en
amphithéâtre. Devant les spectateurs était une forêt de grands arbres ombrageant un palais mystérieux, terrible, et défendu par des sauvages, des
géants et des diables! Ces êtres surnaturels avaient
enlevé et retenaient prisonnière une foule de
jeunes dames en costume de nymphes. Il s'agissait
d'enlever leur proie à ces infâmes ravisseurs.

On le voit, c'était l'image, ou plutôt l'origine des
scènes fantastiques, que *l'Arioste* et *Le Tasse* ont re-
produites dans leurs délicieux poèmes.

Le roi et une douzaine de jeunes seigneurs formaient les assiégeants; tous étaient vêtus d'une
manière semblable, et ils avaient de longues barbes
qui les dévisageaient. Un nain du haut d'une tou-
relle donna le signal de l'attaque, en exécutant une
fanfare.

Nous passons sous silence une foule de détails.
Mentionnons seulement que cette fête fut décente
en comparaison des mascarades qui s'exécutaient,
lorsque les nouvelles épouses de nos rois venaient
en France : la Vérité, les Furies, Vénus et les Nymphes se montraient sans voiles dans les carrefours...

Cela s'est vu dans la forêt de Fontainebleau. Mais revenons.

Au milieu de l'action, l'un des plus intrépides chevaliers fut avisé par une jeune dame à la taille et aux formes les plus séduisantes. Son cou avait la blancheur de l'hermine; une riche étoffe ornait son sein demi-nu, et une gaze diaphane voilait à à peine le feu de ses regards : tout en elle décélait cette volupté d'expression, cette pureté de contours qui nous charment dans les belles statues de l'antiquité.

« — Gentil seigneur, dit-elle au chevalier, avec » un aimable son de voix, vous combattez si di- » gnement en faveur des dames, que pour vous » je suis éprise d'amour. Seriez-vous assez cour- » tois pour accompagner châtelaine opprimée dans » quelqu'endroit solitaire de ces rochers?... J'ai » un secret important à vous révéler.

» — Merci Dieu! mon doux ange, répondit à » voix basse l'heureux chevalier; soyez mon guide, » je vous suis! » Et, pressant amoureusement la taille de la belle, ils s'éloignent ensemble.

Pendant ce temps, l'attaque et la défense de l'infernal château étaient des plus opiniâtres. Mais la bonne cause finit par l'emporter : les diables sont mis en fuite; leur repaire est dévasté, incen-

dié au milieu de beaux feux d'artifice, et les chevaliers vainqueurs rapportent dans leurs bras les
belles captives évanouies.

Cette représentation fut suivie d'un repas somp-
tueux; à peine était-il commencé que l'on s'aperçut qu'il manquait un convive.

« — Par saint Carolus! dit une voix qui fit pâlir
» et trembler la reine d'Angleterre, quelqu'un
» manque ici; ..... ce chevalier a-t-il été consumé
» par les flammes, ou dévoré par les démons?...
» M'est avis qu'il faut ramener au bercail cette
» brebis égarée; sus! qu'on se disperse et qu'on
» la retrouve! »

Sur certains indices, celui qui avait parlé, suivi
de trois autres chevaliers, monta résolument la
montagne du nord. Ils approchaient sans bruit de
ces roches, lorsqu'un étranger armé leur barre le
passage en s'écriant : Alerte! ..... Deux guerriers s'emparent de lui, tandis que les autres
font le tour des rochers et surprennent les deux
amants! ..... Une torche de résine est bientôt en-
flammée: et, à sa lueur fatale, les acteurs de cette
scène étrange se reconnaissent..... Le roi Charles
est en présence de Blanche, sa première épouse;
et celui que cette infortunée croyait son époux
n'est autre que de Launoy, son premier amant,

qu'un amoureux hasard vient de mettre aux bras de celle qu'il aimait depuis cinq années sans espérance.

La surprise, l'effroi, la consternation sont égales de part et d'autre : Blanche, aussi pâle qu'un spectre, chancelle et tombe évanouie.

« — Saisissez ces perfides! » dit le roi avec indignation.

Mais l'amant, furieux et bondissant comme un lion, s'élance vers le corps de son amante en s'écriant :

« — Sur ma damnation! n'avancez pas! je pro-
» tégerai cette femme au péril de ma vie!...

» — Infâme séducteur, reprit Charles, recon-
» nais ton maître!

» — Je ne reconnais ici que mon droit et mon
» glaive!... Retirez-vous, laissez-moi secourir, sau-
» ver cette inconnue qui est sous ma protection,
» et demain, foi de gentilhomme, je me livre à vos
» fureurs.

» — Rends-toi à l'instant même, dit encore l'é-
» poux outragé, ou bien tu mourras du plus hon-
» teux supplice!

» — Je ne mourrai pas seul! » exclama l'impru-
dent, au comble de l'exaltation.

Et il fit briller la lame de son poignard. Mais en

faisant un pas en avant, il heurta le corps de Blanche et l'un de ses genoux se plia jusqu'à terre. Aussitôt trois vigoureux athlètes tombent sur lui, le désarment, non sans peine, et lui lient les pieds et les mains. En cet état, il est transporté dans une tour du Palais, puis transféré dans la prison du Châtelet de Paris.

Le surveillant de ce couple malheureux fut massacré sur le lieu même, et précipité dans la vallée du nord, et son cadavre servit de pâture aux loups du canton. Blanche, relevée plus morte que vive, est envoyée au monastère de Maubuisson, d'où elle ne sortit que pour aller éprouver la miséricorde du ciel. Après cette triste catastrophe, le roi et ses compagnons descendirent à la fête. Ils trouvèrent tous les convives mornes et silencieux; car aucun d'eux n'ignorait les évènemens de la montagne.

Cependant une légère brise, comme en apporte l'aurore naissante, avait rafraîchi l'air et rendu le séjour des bois désagréable. On décida qu'il valait mieux retourner au Palais pour y achever le festin. Mais à peine arrivé, le roi quitta Fontainebleau et n'y revint plus. Peu de jours après, il renvoya, de force, sa sœur Isabelle en Angleterre, où elle expia ses scandaleuses amours avec Mortimer, par

3

vingt-huit ans de captivité dans la forteresse de
Rising. De Launoi fut traduit devant des juges;
voici le résumé de sa défense :

« Près de paraître devant Dieu, je dois dire et
» je dirai toute la vérité :

» Le soir de la fête donnée dans la forêt de Fon-
» tainebleau, autour du château que nous atta-
» quions, je ramassai à terre le médaillon que
» le roi portait ordinairement sur sa poitrine; je le
» passai à mon cou, afin que sa Majesté le vit et
» m'ordonnât de le lui remettre. Je ne l'eus pas
» plutôt sur moi, qu'une dame inconnue vint me
» prier de la suivre, afin de me révéler un secret
» important.

» Ici, je vous prie de considérer que je ne suis
» lié par aucun vœu, par aucun serment; je suis
» libre et célibataire ; je cédai à la tentation.....
» j'affirme également que je n'ai su qui était cette
» femme qu'au moment où les flambeaux vinrent
» nous éclairer et nous confondre..... J'avais connu
» Blanche à la cour de son père, et je jure sur l'hon-
» neur que mes rapports avec elle avaient toute la
» pureté d'une liaison d'enfance. Après son ma-
» riage, toutes relations ont cessé entre nous :
» je la respectai comme épouse de mon souve-
» rain ; bien plus, je l'adorai en silence comme une
» divinité.

» Je le répète et le jure de nouveau, cette femme,
» que je ne reconnus point d'abord, me prit pour
» son époux. Peut-être aurais-je dû la tirer d'er-
» reur; je ne l'ai point fait. Blanche est donc inno-
» cente, moi seul je suis coupable d'imprudence...
» Jugez-moi, j'y consens, mais ne frappez qu'une
» victime; je ne me plaindrai pas. »

Le tribunal, par un arrêt rendu à l'unanimité, le
condamna à être indignement mutilé, puis écorché
vif et traîné sur une prairie nouvellement fauchée.
On frissonne en lisant le procès-verbal d'exécution
de ce malheureux qui expira sans peut-être avoir
la consolation de mériter un regret, d'obtenir une
larme de celle pour laquelle il se sacrifiait si gé-
néreusement.

Il paraît, toutefois, qu'il ne fut pas du nombre
de ceux qui ont maudit et pleuré l'illusion qu'ils
avaient chérie, car dans quelques vers qu'il a écrits,
après avoir reproché à Blanche sa froideur passée,
il ne se plaint nullement de son sort, et termine
ainsi :

> Maintenant courbé sous la chaîne,
> Condamné, perdu sans retour,
> Ton souvenir, belle inhumaine,
> Me fait encor chérir l'amour.
> Vienne, vienne ma dernière heure!
> Je la subirai sans effroi;
> Mais dans la royale demeure,
> Blanche, tu penseras à moi!...

Deux ans après cet évènement, le roi Charles mourut sans laisser de postérité masculine, et le sceptre passa à la branche des Valois.

Quittons le morne des Roches *Blanche* et descendons, au nord, ce rapide sentier dont la pente a été rendue plus douce par les diverses courbures qu'on lui a données. La singularité des sites va bientôt éveiller notre attention.

Voici un groupe de rochers très remarquables : c'est une collection de toutes les formes ; nulle part on ne voit des corps aussi étrangement tourmentés : celui-ci nous effraie par sa tournure patibulaire ; celui-là paraît avoir été fendu par la fameuse épée de Roland ; ces deux autres imitent les tours penchées de Bologne. Ces grandes masses que tient suspendues la force de cohésion du sol, sont là comme un éternel démenti donné aux lois de l'équilibre.

Encore quelques pas et nous sommes engagés dans une véritable gorge d'enfer ! L'auteur du sentier l'a nommée, sous sa responsabilité, le *Laboratoire de Vulcain*. Voilà bien un échantillon de l'architecture des *Titans*, ou peut-être des *Celtes*, à l'époque où ces peuples élevaient les *Puivens* qu'on voit encore dans la Bretagne. C'est en vain qu'un peu de verdure voudrait décorer cet antre affreux ;

son intérieur est telle'nent sombre, qu'il inspire
une profonde tristesse ; on dirait que ses parois
suent le sang et le crime !..... Sortons par cette
étroite ouverture, et nous retrouverons avec joie
le grand air et la végétation.

Nous allons parcourir un peu rapidement ce qui
nous reste à visiter. En général, les bas-fonds ont
peu d'attrait ; on préfère les hauteurs ; on aime à
jouir de l'espace dans toute son immensité, et l'âme
s'élève devant cette contemplation.

A deux pas est la Caverne de Polyphême, formée par un assemblage de rocs. La, un double
changement de direction nous fait tourner à gauche,
puis à droite, et nous montons à travers de nombreux et beaux rochers qu'au premier coup-d'œil
on prendrait pour des débris de vieilles pyramides.
Voici une tanière à loup, cela est certain. Plus loin
est une cavité fort curieuse, véritable habitation
des *gnomes* : on dirait un labyrinthe, une ville
souterraine. Nous lisons sur la paroi :

Antre de la Sibylle.

Nous traversons une avalanche de blocs magnifiques et d'autant plus pittoresques qu'ils sont
symétriquement espacés et couverts de bruyère
et de jeunes arbustes ; c'est une confusion qui
ne manque pas de majesté. Un jeune et charmant bouleau semble vous indiquer quelque

curiosité. En effet, au milieu de ces blocs formidables, il en est un, à droite, que l'on prendrait pour une baleine pétrifiée. A gauche, se voit un sarcophage de femme ; un payen dirait : voilà *Cyannée,* jeune fille qui, selon la fable, fut métamorphosée en rocher, pour n'avoir point voulu écouter un jeune homme qui l'aimait passionément, et se tua de désespoir eu sa présence. Incliner à gauche.

Le site devient de plus en plus accidenté. On ne s'avance pas sans quelqu'inquiétude au milieu des masses colossales qui vous entourent ; c'est une impression à laquelle il est impossible de se soustraire en présence de ce bouleversement.

Nous arrivons dans un petit espace borné de tous côtés par des rocs d'un volume prodigieux. L'un d'eux présente un siége naturel ; on lit sur le roc : *Retraite du Penseur.* Consacrons quelques lignes à cet étrange site.

Le cœur ne vous bat-il pas, en présence de ces grandes masses de grès, devant cette réunion d'êtres qui semblent impassibles, mais ayant peut-être une faculté quelconque ? Pourquoi non ? Dès qu'on admet, dans certains cas, l'animalité des plantes, on peut bien supposer que nous ne différons d'un arbre, d'un rocher que par la configuration et le mouvement..... Il s'est trouvé un savant, l'ingénieux *Boullier*, qui, raisonnant d'après le grand principe de l'âme universelle, a fait de la faculté de penser une propriété commune à toutes choses. Et s'il en était ainsi, il y aurait donc une idée, un sentiment dans ces colosses informes et mystérieux!..... On se demande ensuite : qui les a créés? qui les a placés là? est-ce un bon ou un mauvais génie?.....

C'est ainsi que, dès l'origine du monde, toutes les fois que l'homme n'a pu comprendre la cause primordiale des effets de la nature, les deux principes contraires, le bien et le mal ont été personnifiés par notre imagination.

Après avoir tourné autour de ces édifices, nous arrivons à un point de vue que nous avons déjà admiré. Considérons-le sous un autre aspect : ici la terre se fait vieille, elle se décharne et montre ses os! Quel amoncellement de débris! Ce sont des ruines au milieu desquelles apparaissent, comme autant de Polyphêmes, les blocs monstrueux de ces versans! Ne dirait-on pas qu'*ici gît* le géant Encelade enterré sous l'*Etna*, et sur la tombe duquel on aurait mis tous ces rochers pour l'empêcher de se relever?

Mais un horrible sifflement nous fait lever les yeux, et, du sein de la forêt, nous voyons accourir à grand bruit la noire locomotive : machine infernale qui a maintes fois dévoré les êtres qu'on lui avait confiés. Entendez-vous la respiration du monstre? Quelle rage s'emparerait de lui, s'il venait à rompre sa chaîne! O puissance du mécanisme!... L'homme tient peu de place ici-bas, et même il est bientôt oublié; mais que parfois ses œuvres sont surprenantes! Quel malheur qu'il y ait dans les arts un germe de décadence et de servitude pour les nations.

Ici se présentent deux sentiers pour continuer notre promenade. L'un, à gauche, nous conduit à travers une série de curiosités pittoresques : grottes, cavernes, rochers fantasques; mais tout cela ressemble à ce que nous avons déjà décrit; et de plus, le chemin étant presque impraticable pour les dames, nous aimons mieux tourner à droite afin de gagner l'ancienne route, à l'endroit où se trouve une roche plate et peu élevée que l'on prendrait pour une immense pierre tombale.

Bientôt se présente, à droite, au bord du chemin, la roche imitant la carcasse d'un *mastodonte*; et nous dépassons une carrière de sable en voie d'exploitation. Elle rappelle un récent et malheureux événement dont on eût mieux fait de consigner le souvenir en deux lignes de prose, que de l'expliquer par cette longue tirade de mauvais vers qu'on lit sur le rocher. Nous verrons bien d'autres inscriptions tout aussi mal faites.

Notre méandre nous fait passer au pied d'une roche monstrueuse, pyramidale et qui cherche à dresser par-dessus les arbres sa tête fantastique. Une singularité la rend encore plus bizarre : elle porte à son sommet un fragment détaché qu'on nomme la Roche Branlante. Uu farceur en a fait l'ascension pour y placer quelques vers.

En 1840, M. Foyatier, le célèbre sculpteur du *Spartacus*, me fit l'honneur de venir chez moi, et me pria de lui indiquer, dans la forêt, une roche énorme qu'il pût colossalement façonner. Je l'amenai ici, et il s'écria, en montrant le faîte du rocher : « *Voilà le vautour qui rongera les entrailles de Prométhée !...* » Un mois après, les yeux de l'artiste furent atteints d'une infirmité, et le projet indéfiniment ajourné. C'est dommage; cette hauteur eût pris le nom de Mont-Caucase, tandis qu'elle se nomme le Mont-Parnasse. Montons au Parnasse, et tâchons d'y être bien inspiré.

C'est, comme on le voit, une très jolie plate-forme d'où l'on jouit d'un horizon magnifique. Après avoir jeté un coup-d'œil sur la mer d'ombrage qui nous environne et dont les vagues de verdure cachent où découvrent mille écueils, ramenons nos regards près de nous. D'innombrables pins forment le sombre manteau de ce désert ; c'est une verdure éternelle ; les saisons n'y apportent aucun changement. Chaque demi-siècle voit disparaître ces végétaux ; mais ils renaissent avec le temps, et ce mouvement perpétuel est l'emblême de la génération des êtres, puisque dès qu'ils ont l'âge requis, ils subissent le sort de nos jeunes soldats ; ils sont dirigés vers nos ports, sont employés dans les constructions navales, vont courir les mers, affronter les écueils et les combats, etc., etc.

Ce n'est pas la seule curiosité de ce site. Tous ces rochers amoncelés autour de nous, accusent-ils un tremblement de terre ou un volcan ?

> Est-ce un feu souterrain qui du sein des abîmes
> A vomi les rochers qui couronnent nos cimes ?

« Non, disent les naturalistes, ce ne peut être » ni un volcan ni un tremblement de terre, puis- » que la présence de l'élément igné ne se fait rè- » marquer nulle part. » Cependant, que de fois ces Messieurs n'ont-ils pas été trompés dans leurs jugements ! Ne reconnaît-on pas aujourd'hui les volcans éteints du Viverais et de l'Auvergne, si longtemps niés ? Ne se pourrait-il pas, aussi, que nos montagnes fussent le produit des volcans à air ? comme celui du Macaluba, en Sicile, qui, sans aucune inflammation apparente, offre des explosions, des jets de pierres aussi nombreux et aussi redoutables que peuvent l'être les effets des volcans enflammés ? Nous sommes quelquefois honteux d'ignorer les secrets de la nature; hélas ! peut-être serions-nous malheureux de les connaître.

Quant à la partie historique de ce point, nous ne pouvons que citer ce fait, pris dans l'*Espion* des Cours de l'Europe.

Christine, reine de Suède, après avoir abdiqué sa couronne, vint en France, et se trouvait à Fontainebleau en août 1656. On sait que pour être cruelle, cette femme n'en fut pas moins galante, et que Bourdelot fit sa fortune avec elle, en sauvant les apparences de sa virginité par des remèdes avortifs. Il paraît qu'elle avait en vain jeté son dévolu sur Louis XIV alors âgé de 18 ans. Il est certain, aussi, qu'elle fit au prince de Condé des avances qui furent rejetées. Peut-être se souvenait-il du comte *Magnus*, et pressentait-il le sort de *Monaldeschi*.

Christine à Fontainebleau, eut la visite de plusieurs hauts personnages. De ce nombre fut un duc de Guise, petit-fils du Balafré. Quoique bien éloigné de la célébrité de ses ancêtres, le duc n'en jetait pas moins quelque éclat sur la cour de Louis XIV.

Il brillait dans les carrousels et se consolait dans les plaisirs du malheur d'avoir perdu une couronne. La reine de Suède parut lui plaire, et il s'attacha nuit et jour à ses pas. Il y eut des promenades en forêt, des chasses, des ballets, des feux d'artifice, etc., etc.

Un jour, Christine et sa société vinrent sur cette plate-forme; et après le moment de contemplation, ils se livrèrent à différents exercices. Au milieu de cette solitude, Guise, ne doutant point du succès de ses desseins, supplia la reine de s'humaniser en sa faveur..... Mais Christine n'était pas une amante ordinaire; elle répondit bel et bien :

« *Duc, c'est un coup d'arquebuse qui décidera de* » *la victoire.* »

Aussitôt un point noir est tracé sur l'un des rochers de l'est. Les deux champions s'emparent d'une arme et ils prennent leur distance : le duc frappe à quatre doigts du centre; la reine l'emporte!...L'amant crut que tout cela n'était qu'une aimable plaisanterie, un heureux prélude; il se trompait!.....

Toutefois, dit notre auteur, à une quinzaine de jours de là, et par une nuit sombre, on vit le duc traverser furtivement le jardin de Diane, et dresser une échelle à l'une des fenêtres de l'appartement de Christine... Depuis ce moment, Guise et l'héroïne du Nord parurent être les meilleurs amis du monde.

Maintenant, transportons-nous au sud-est, sur la hauteur voisine; ce sera notre dernière station. Le chemin est facile bien que semé de rochers monstrueux. Les inscriptions qu'ils portent ne valent pas la peine qu'on en parle.

Quant à ces blocs, qui oserait affirmer qu'ils n'ont pas eu autrefois une destination? Mais laquelle?... On sait que les pierres des Druides sont ordinairement de grès brut, sans la moindre trace de main d'homme; à moins que pour l'usage auquel on les destinait il n'ait fallu les creuser ou les arrondir. On peut donc, avec assez de vraisemblance, conjecturer que ce sont-là des monuments druidiques.

Ce pic présente une perspective admirable dont nous avons déjà parlé. Le promeneur peut continuer sa course vers le sud; il verra la fontaine d'Episy, la Malmontagne, etc., dont il a été question dans le livre de Napoléon. Il peut également revenir par le village d'Avon, le chemin de fer et le parc; ou reprendre simplement la route qu'il a suivie. De quelque côté qu'il lui plaise de diriger ses pas, il ne saurait s'égarer, puisque de tous les points on aperçoit la ville de Fontainebleau.

FIN DE LA PREMIÈRE PROMENADE.

PROMENADES ET IMPRESSIONS

DANS LA FORÊT.

—

DEUXIÈME SECTION.

—

SOLITUDES.

Et les bouleaux, sujets de ces mornes royaumes,
Montrent leurs pâles troncs comme autant de fantômes.

Avant de passer la barrière de Nemours, jetons les yeux, à gauche, sur ce tertre environné de palissades. C'est là que, le 17 février 1814, le général autrichien *Ardekc* avait d'abord établi son état-major. C'est là que M. le maire fut amené et sommé de fournir, dans les vingt-quatre heures, une forte contribution de guerre; et c'est là qu'à la moindre observation il voyait le canon d'un pistolet dirigé sur sa poitrine!..... Épargnons au lecteur ces tristes souvenirs.

L'obélisque nous fournira des pensées moins pénibles. C'est le seul édifice de luxe que nous ayons à Fontainebleau. L'inscription en est disparue; et bien qu'il date de la fin du siècle dernier, c'est à peine si l'on sait qu'il fut élevé en l'honneur d'une reine et de ses enfants; la terre est couverte des monuments de la gloire et de l'orgueil de l'homme, et souvent il n'est pas même connu aux lieux qui recèlent sa tombe!

Trois routes s'ouvrent devant nous. Prenons celle du milieu, afin de marcher sur un sol plus doux. Nous sommes dans l'ancien champ *Minette :* il faut dire d'où lui vient ce joli nom.

Le 13 novembre 1776, il y eut ici une course de chevaux, au milieu d'un grand concours d'amateurs. Une somme assez considérable devait être le prix de la victoire. Le comte d'Artois, qui brillait dans ces sortes d'exercices, avait, à cet effet, acheté en Angleterre un cheval fin nommé *King-Pépin*, et qui coûta 1,700 louis, dit notre historien. Il arriva secrètement en France, on ne le montrait à personne, et il ne fut exhibé que le jour de la lutte. Il y avait au nombre des concurrents une jeune jument, appelée *Minette*, appartenant au comte de *Falkenstein. Minette* remporta le prix!..... Le comte d'Artois en fut si fort affligé que, de colère, il voulait tuer son cheval. On fut obligé de le dérober à ses regards, et le

nom de la jeune bête est resté à cette plaine
aujourd'hui boisée.

Au troisième carrefour se dresse une montagne
couverte de pins et de rochers; il faut la franchir.
De l'autre côté se trouve un petit rond-point étoilé
de six routes. Là, nous apercevons, sous bois, une
mystérieuse ouverture : c'est encore un sentier
fait par M. Bournet. La montée, un peu rude,
nous conduit à une délicieuse esplanade que nous
allons parcourir. La route est belle, nivelée, ga-
zonnée et circulaire. A peine a-t-on fait quelques
pas, qu'on est débarrassé d'un léger rideau de bois
qui masquait notre droite, et qu'un lointain assez
vaste nous frappe d'admiration : on a sous les
yeux un immense théâtre qui rassemble toutes
les décorations agrestes, et réunit les plus beaux
contrastes.

Au centre du tableau est le champ de manœuvre de cavalerie; plage étrange! On dirait un lac
tari, desséché; sol aussi stérile que s'il eût été
frappé de la malédiction céleste! Et cette triste
image du néant est coquettement environnée
d'un cadre de verdure!..... L'espace et l'horizon
ne sont pas moins pittoresques. Une chaîne de
montagnes plus ou moins élevées, les unes sans
culture, les autres couvertes de noirs sapins, bor-

nent la vue et ménagent plusieurs gorges d'un effet surprenant.

Au milieu de tout cela se dresse isolément le *Mont-Aigu*, qui a la forme d'un cône tronqué, et dont le sommet présente le plus délicieux panorama.

Ici du Mont-Aigu la chaîne romantique
Couvre sa nudité des pins de la Baltique.

Un autre charme vient augmenter votre enchantement : sentez-vous ce léger souffle qui vous rafraîchit et vous égaie? Ne remarquez-vous pas combien la vivacité de l'air donne de légèreté au corps? Ne vous semble-t-il pas, aussi, qu'en s'élevant au-dessus des cités, on se dépouille des sentiments terrestres, et qu'à mesure qu'on jouit d'un plus grand espace de ciel, l'âme contracte quelque chose de son adorable pureté?

Mais, ici bas, les idées riantes sont bientôt assombries! Que signifient ces petites pierres blanches et oblongues qu'on trouve çà et là dans la plaine? On dirait des os de squelettes! Serait-ce ici le palais de la mort?..... Le lieu où s'exécute, à minuit, la danse des trépassés de Holbein?..... Au moins il est certain que les foudres de la guerre ont labouré ce sol, car c'est là que passèrent tous les boulets qui furent lan-

4

cés du polygone par les élèves de l'école militaire.

Ne quittons pas cette position sans accorder
un regard au hêtre qui, placé comme un phare
au bord de la mer, paraît être le souverain de la
vallée qu'il domine : sentinelle avancée sur la
montagne, pâle fantôme exposé à tous les vents,
on dirait qu'il chante dans le silence et la solitude, comme toutes les voix que la nature a seule
inspirées!

Nous retrouvons, à droite et à l'angle d'un petit
bois, notre sentier qui nous conduit dans une
vallée étroite et sombre d'où nous remontons aussitôt à travers une côte rapide, semée de rocs et
d'arbres. La montée est assez scabreuse, malgré
des marches d'escalier placées de distance en distance, qui témoignent des efforts de M Bournet
pour nous garantir de dangereuses glissades dans
le ravin. C'est bien là un chemin véritablement alpestre!

Cette montagne est nommée le rocher des Demoiselles. Il est bon de remarquer que ce nom a
été naguère substitué à un autre nom passablement
ignoble, tirant son origine d'une histoire scan-
daleuse que nous passons sous silence, et qui date
de l'époque où Catherine de Médicis, n'étant en-

core que dauphine, se dédommageait des froi-
deurs de son époux avec une foule de petites dames que la chronique appelait *la petite bande*.......

Voici qu'une roche énorme menace nos têtes et
nous ferme le passage. Nous lisons sur le front
de cette masse : *Roche Bournet ;* puis, dans l'intérieur, *Grotte des Demoiselles.* Quoique cela ressemble plutôt à l'antre d'un ours qu'à une habitation humaine, il est possible qu'un pieux
anachorète soit venu chercher ici un asile contre
l'iniquité du siècle, ou peut-être en expiation de
ses péchés. Alors ce lieu serait bien mal nommé.

On pénètre sous cette voûte sans se baisser, et
l'on est étonné de trouver là une table, des siéges
et une cheminée confectionnés; le tout à l'état de
pétrification. Mais on en sort vite, tant on est
effrayé par l'incessante menace d'un éboulement.
Cette masse, criblée de lézardes, écrase de son
poids ses propres débris sur lesquels elle repose!
Une ouverture caverneuse nous conduit dans
une anfractuosité où l'on n'est pas beaucoup plus
rassuré. Enfin on arrive au grand jour, et bientôt sur le belvéder formé par la roche Bournet.
Cette plate-forme, dangereusement inclinée sur
le vide, n'en est pas moins un admirable point de
vue. Au nord et à l'orient se prolonge, au-delà

des gracieuses ondulations du sol, un indéfinissable lointain. La droite et la gauche sont acci-
dentées par des montagnes couvertes de verdure,
et entre lesquelles se déroulent avec majesté les
magnifiques savanes de nos forêts. Quels tableaux
frais et grandioses que toutes ces cîmes agitées
par les vents! C'est l'image de notre existence :
nous autres hommes, les passions sont les aqui-
lons qui nous bercent sur l'océan de la vie.

Nous quittons notre belvéder pour nous enga-
ger dans un défilé singulièrement mélancolique.
D'un côté se creuse une fraîche vallée habillée
d'arbres, de rocs et de précipices; de l'autre,
pendent sur vos têtes une série de rochers à mille
formes, et d'un difficile accès, tant ils sont anguleux, abruptes et menaçants.

Sous la saillie la plus avancée de ces cellules
était un siége, ou plutôt un piége! aussi l'a-t-on
fait disparaître. Le chemin devient toujours plus
sauvage; il n'est pas de route plus âpre, plus
déserte; c'est un chaos à serrer le cœur; elle a
pourtant son charme : les ruines qui nous environnent ne sont-elles pas le fantôme des vieux
temps?

Viennent plusieurs grottes qui ont différents
noms. L'une d'elles est remarquable par sa struc-

ture, et les vives couleurs étalées sur ses parois.
Il serait curieux d'étudier les stigmates que chaque siècle a imprimés sur le sol..... Mais l'erreur
est le lot de l'humanité; et, après bien des re-
cherches, ce que nous connaissons de la nature
est aussi inexplicable que l'inconnu.

Le dernier objet remarquable de ce défilé est
une roche composée de couches successives; elle
menace d'écraser deux jeunes arbres qui sont
comme deux candélabres à la porte d'un tombeau!
Et l'on se sent attristé, car ces sortes d'aspects ne
communiquent jamais mieux leurs impressions
que dans une solitude absolue.

Nous abordons le plateau de la montagne; c'est
le lieu le plus romantique qu'il soit possible de
voir. Plage étrange, couverte de touffes de bois,
de rochers dont quelques-uns ressemblent à des
temples dévastés, de mares où nagent une infinité de jolies salamandres qui se laissent prendre, de vallées fertiles, et aussi de quelques fondrières environnées d'herbages et de nombreux
genêts, dont les fleurs, au printemps, égaient ce
sol peu fréquenté. Les amateurs de champignons
trouveraient ici à se satisfaire.

On dit que la France doit à Catherine de Médicis le goût des champignons..... Cette reine a

aussi importé d'Italie l'assassinat et l'empoisonnement; mais heureusement pour peu de temps!

Un autre agrément se joint à celui de la vue : l'organe de l'odorat est agréablement affecté du parfum des plantes aromatiques dont ces lieux abondent. Et notez que tout cela est à l'état de nature, pêle-mêle, en plein désordre; ce qui constitue un coup d'œil effrayant et agréable tout à la fois.

En été, une chose manque ordinairement à nos montagnes : c'est de l'eau. L'eau, en effet, ajoute au charme de tous les sites. Elle attire les parties champêtres, rafraîchit le promeneur, favorise la multiplication des oiseaux, etc. L'eau pluviale ne manque pas ici, mais d'épaisses bruyères en font de vrais cloaques, qui indiquent comment on pourrait utiliser ce plateau. Par exemple, le fond n'étant qu'un roc couvert d'un peu de terre végétale, il serait facile d'y établir un vaste réservoir à l'usage de notre ville. Ce réservoir serait abondamment alimenté, au moyen d'une ligne de tuyaux, par les eaux du canal de Nemours, puisque ce point se trouve de niveau avec le sommet de nos montagnes. La dépense serait peut-être considérable, mais le résultat est certain.

Nous passons dans une espèce de ruelle formée par le brisement d'un rocher. Un bouleau en trois personnes en rend la sortie difficile sans être dangereuse. A peine a-t-on franchi ce pas, que l'on jouit d'un coup de théâtre dont nous allons faire une description abrégée ; mais avant, invitons le promeneur à faire quelques pas à gauche, et il pourra s'asseoir à l'ombre d'une roche immense et bizarre qui projette une saillie de plusieurs mètres. L'auteur du sentier, qui a façonné cette grotte, a voulu qu'elle nousfût dédiée : c'est ce qui explique pourquoi notre humble nom se lit sur la paroi du rocher.

Sous cette voûte, ouverte au midi, se trouvent deux ou trois étages de bancs naturels et une table faite par quelqu'amant de la solitude. Cet asile est singulièrement favorable à la méditation. Hélas ! au milieu des frivolités de l'existence, qui n'a pas quelquefois senti un profond dégoût pour la vie commune, et n'a désiré se recueillir un instant dans le désert ? Que la grande voix des vents et de l'orage est harmonieuse à celui qui vient oublier ici les vains bruits du monde ! Mais venons à notre description.

La place que nous occupons est un petit terreplein d'où la vue plonge sur le plus étonnant tableau : c'est une gorge assez profonde qui n'offre que des rocs précipités les uns sur les autres : tout porte ici l'empreinte d'une révolution soudaine, tout présente l'image du chaos! Scène aussi variée dans ses détails que monotone dans son ensemble. Ce n'est pas seulement son aspect désordonné qui rend ce spectacle si étrange; c'est de voir que la nature, après s'être jouée avec des bouleversements, semble prendre plaisir à se mettre en contradiction avec elle-même, puisqu'au milieu de ces ruines s'élèvent des milliers d'arbustes qui vont bientôt couvrir d'une verdure éternelle cette magnifique horreur!

Qui croirait, cependant, que cette Thébaïde conserve un touchant souvenir d'amour!..... Mais, quoi! l'amour règne aussi bien et mieux au fond des bois qu'au sein de nos cités populeuses..... En face de nous, de l'autre côté de la gorge, et à notre niveau, voyez-vous cette caverne qu'on a démasquée depuis peu? elle a servi d'asile à deux amants..... couple vertueux et infortuné! Racontons leur histoire avec toute la simplicité que comporte le sujet.

LE SOLITAIRE

Épisode historique.

Trop souvent par l'amour le cœur est opprimé ;
Mais l'on n'a point vécu, si l'on n'a point aimé.

En 1814, par une belle matinée du mois de juin, une jeune paysanne, ayant un panier à son bras, descendait seule la montagne d'*Ury*, et venait faire quelqu'emplette au marché de Fontainebleau. Quand elle fut arrivée un peu avant le champ de Manœuvre, un homme sortit du bois, s'approcha d'elle respectueusement, et lui dit :

« — Auriez-vous la bonté, ma chère enfant, de » me rapporter de la ville un pain et quelques » fruits ? Vous serez payée de cette complai- » sance. »

La jeune fille dit qu'elle le voulait bien. L'homme alors lui remit l'argent nécessaire et ajouta :

« — Pour ne point trop vous fatiguer, je vous » attendrai le plus près possible de l'obélisque. »

Et ils se séparèrent.

« — C'est quelqu'Artiste qui aura oublié sa pro- » vision, se dit-elle en elle-même ; il faut bien » obliger son prochain. »

A son retour, elle remit ce qu'on lui avait

demandé, et ne voulut rien accepter pour la
commission. Son obligé la remercia, fit une centaine de pas avec elle, lui parla gaîment, la félicita
de sa santé, de sa bonne mine, et la quitta en lui
témoignant une vive reconnaissance.

Trois jours après, au même endroit, l'inconnu
pria encore la jeune fille de lui rendre le même
service, en la suppliant de ne parler à personne
de cette affaire; ce qu'elle promit bien volontiers.
Pourquoi aurait-elle hésité? Cet homme était très
honnête, et quoiqu'il ne se plaignît point, on
voyait bien qu'il était malheureux; il ne fallait
donc pas l'affliger davantage par un refus ou une
indiscrétion. Ils se parlèrent plus familièrement
que la première fois, se dirent leurs noms (*elle se
nommait Glaudine, et lui Morin*), et se quittèrent
en échangeant un sourire et un signe de tête.
Les relations du jeune couple se continuèrent
de la sorte pendant plus d'un mois, et firent naître une mutuelle confiance que rien n'affaiblissait.

Malgré le chagrin qui paraissait miner l'artiste
prétendu, il était facile de voir qu'il était bel
homme, et dans cet âge heureux où l'on est tenté
de rendre aux femmes une espèce de culte, avantages qui ne sont jamais indifférents à la plus
belle moitié du genre humain.

Quant à la villageoise, c'était une jeune bru-
nette assez grande, aux yeux vifs, et aussi douce
que jolie. Son portrait se peut tracer en quelques
lignes : figure ovale, teint légèrement hâlé, physionomie fine et spirituelle, et surtout beaucoup
de grâce dans la bouche. Bien qu'enfant du village, elle possédait dans ses formes cette pureté
de contours, et dans son air cette volupté d'expression que possèdent seules les beautés privi-
légiées de la nature. Elle avait, de plus, le principal ornement de son sexe : de la candeur et de
la compassion.

Milton, il est vrai, a fait Ève blonde, mais la
plus charmante madone de Raphaël est brune.

Un jour, après une conversation plus longue
que de coutume, Morin dit à la jeune fille :

« — Ma chère Glaudine, je conserverai un
» éternel souvenir des obligations que je vous
» ai ; je vous offre pour gage de mon amitié et
» de ma reconnaissance cette petite croix d'or :
» acceptez-la, je vous en prie, elle vient de ma mère
» qui, comme vous, était bonne et compatis-
» sante. »

La villageoise surprise, attendrie, prit la croix
de ses mains pures, en disant :

« — Je vous la rendrai quand il vous plaira.....

» Au moins, si je puis encore vous être utile?

» — Vous le pouvez sans doute, reprit Morin,
» car je vois en vous un ange que Dieu m'envoie:
» j'aurais besoin de livres, de papier et de plu-
» mes, etc.

» — La prochaine fois, je vous apporterai tout
» cela, lui dit-elle »

C'est ainsi que s'établissait leur mutuelle et
naissante affection. Toutefois, chez Glaudine, une
vive curiosité se mêlait à ce sentiment. Un jour,
en boudant un peu, elle se prit à dire avec la simplicité d'une fille des champs :

« — Vous n'avez pas en moi une entière con-
» fiance; vous ne me dites pas qui vous êtes, et
» pourquoi vous vivez ainsi : Êtes-vous marié?

» — Non, je suis libre. Au reste, je ne demande
» pas mieux que de vous ouvrir mon cœur......
» Voulez - vous m'accompagner à l'endroit que
» j'habite? »

Et comme la jeune fille hésitait à répondre, il
ajouta aussitôt :

« — Avez-vous la petite croix que je vous ai
» remise? »

Glaudine rougit, et tira de son sein l'objet at-
taché à un ruban vert.

« — Eh bien, reprit le jeune homme, je vous

» jûre, sur cette croix qui n'a jamais été profa-
» née, que vous serez religieusement respectée
» comme elle, car mes intentions sont aussi pures
» que mes sentiments pour vous sont vrais. »

Hélas ! nous voyons tant de déceptions en pareil cas, qu'il faut bien admettre qu'il est dans la nature de la femme de croire à toutes les promesses de ce genre. Glaudine se laissa persuader; heureusement elle n'eut point à s'en repentir.

Ils arrivèrent de l'autre côté de la vallée, à cette roche caverneuse que nous voyons en face de nous. Elle était alors masquée, environnée de touffes de broussailles qui la cachaient de tous côtés. Elle recélait un endroit très abrité et rempli de fougères et de feuilles sèches.

« — C'est ici que je demeure, dit Morin. »

Il fit asseoir son amante à l'entrée de la grotte, et commença ainsi :

« J'ai fait les dernières campagnes de Napo-
» léon en qualité de sous-officier de la garde, et je
» fus retenu au service par le nouveau gouverne-
» ment. Au commencement du mois dernier, mon
» régiment assistait à une fête religieuse suivie
» d'un grand festin, qui eurent lieu dans les quin-
» conces en face du palais de Fontainebleau. Il s'a-
» gissait de la bénédiction du drapeau blanc que

» l'on allait nous délivrer; le duc de Berry assistait
» à cette cérémonie. On nous forçait à boire afin
» de nous faire perdre l'idée de nos glorieux éten-
» dards, et beaucoup d'entre nous versaient des
» larmes !.....

» Quand on crut le moment favorable, on nous
» invita à crier *vive le roi, vivent les Bourbons!.....*
» Tout à coup, malgré les fumées de l'ivresse, un
» souvenir me reportant à nos jours de gloire, je
» m'écriai d'une voix retentissante : *vive Napoléon!*
» *vive l'empereur!!!.....* Ce fut comme un choc
» électrique qui provoqua un tonnerre de cris
» semblables !... Presque tous nos chefs étaient
» consternés; et le duc de Berry sourit amère-
» ment..... Mon vieux capitaine, qui m'aimait
» beaucoup, s'empare de moi, m'enlace dans ses
» bras, veut me fermer la bouche; inutiles efforts :
» mes acclamations ne cessèrent que quand on
» m'eut emmené au loin.

» Que vous dirai-je, ma chère Glaudine, sédi-
» tieux, provocateur, je fus jeté dans un cachot,
» en attendant l'heure de passer devant un conseil
» de guerre.

» Au milieu de la nuit, on ouvre en silence la
» porte de ma prison; un homme m'apparaît,
» c'est encore mon vieux capitaine; il jette ce

» manteau sur mes épaules, me met une bourse
» dans la main, m'embrasse et me dit :

» — Malheureux! qu'avez-vous fait!..... Fuyez,
» et ne dites jamais que je suis votre libérateur!...

» Je m'évade, je gagne la route d'Orléans, et
» me réfugie dans ces rochers en attendant le
» jour. Je trouvai ce lieu singulièrement propice
» pour me cacher : site infréquenté, presqu'ina-
» bordable, abri contre l'orage et la chaleur du
» jour; je pris la résolution d'y demeurer quelque
» temps.

» J'allais à certaines heures sur la grande route,
» où j'appris, par la voix des passants, que le
» conseil de guerre m'avait condamné à la peine
» de mort'....... Rassurez-vous, ma chère Glau-
» dine, ma vie est entre vos mains; tout m'assure
» que vous serez discrète. Je vais encore vous
» confier un secret que je vous prie de ne point
» révéler, si vous avez pour moi quelqu'affec-
» tion. »

La villageoise serra la main du solitaire, en
signe d'assentiment, et Morin continua ainsi :

« L'année prochaine, au mois de mars, Napo-
» léon revient de l'île d'Elbe et remonte sur le
» trône!..... Alors je reparais dans la société; et
» je vous jure de nouveau, sur cette petite croix,

» que je n'aurai point d'autre épouse que ma chère
» Glaudine, si elle consent à m'accorder sa main
» chérie; et j'espère, par mon courage et mes bons
» procédés, vous récompenser des bontés que vous
» avez eues pour moi. »

La jeune fille n'avait rien à opposer à de pareilles raisons. N'était-elle pas à cet âge où le cœur promet tout ce que l'imagination espère. Le plaisir que lui causait cet entretien animait sa physionomie, déjà si remplie de grâces, et la disposait à la tendresse. Aveuglée, d'ailleurs, par cette fatalité qui semble présider aux liens de sympathie, elle se contenta de répondre :

« — Je vous serai fidèle, comptez sur moi. »
Douce promesse qui contient un aveu encore plus doux qu'elle.

C'est ainsi que vécurent, pendant six mois, ces deux amants. Glaudine venait une fois ou deux par semaine, et apportait à Morin tout ce qui lui était nécessaire. Quelquefois, jetant un regard sur la grotte, elle disait :

« — Comment pouvez-vous vivre et dormir en
» paix dans cette demeure solitaire ?
» — Il n'y a point de solitude où régnent votre
» souvenir et votre image, répondait le jeune
» homme; l'amour et la contemplation me char-

» ment pendant le jour; et la nuit, un sommeil
» paisible est le prix que le ciel accorde à ce-
» lui dont la conscience n'est point chargée de
» remords. »

Cette vie d'étude et d'amour, partagée entre
une amie et le spectacle de la nature, réalisait
dans l'âme de Morin, la plus brillante idéalité du
bonheur. Il ne lui vint nullement à l'esprit de
tromper celle qui devait être sa compagne; et
Glaudine ne doutait point qu'elle ne fût aimée
d'un homme vertueux.

Cependant l'hiver approchait, et il n'était guères
possible de le passer dans cet asile :
« — Comment allez-vous faire? dit l'amante
» alarmée.
» — Soyez sans crainte, répondit l'amant, j'ai
» à Fontainebleau un ami sûr qui m'abritera jus-
» qu'en mars. Seulement, pendant près de quatre
» mois, je serai privé de votre présence, c'est
» mon seul chagrin. Mais le 21 mars, quand l'Em-
» pereur sera de retour, nous reviendrons tous
» deux visiter cette grotte que vous me rendez si
» précieuse; et, soit que je quitte l'armée ou que
» j'accepte un grade supérieur, je serai prêt à
» vous conduire au pied des autels. »

5

Cela dit, ils se quittèrent encore une fois, pour ne plus se revoir qu'au printemps.

Sur la fin de novembre, par une soirée froide et sombre, un homme affublé d'un manteau qui n'indiquait pas l'opulence, se présente au domicile de M. Thiébeaut, curé de Fontainebleau, et lui déclare qu'il désire l'entretenir au tribunal de la pénitence.

« — Je suis à vous, dit le saint homme. »

Et il descend aussitôt, entre au sanctuaire, et engage l'inconnu à ouvrir sa conscience.

« — C'est un secret que j'ai à vous révéler.

» — Parlez, dit l'homme de Dieu.

» — Le 20 juin 1791, mon père était portier » du parc du palais de cette ville. Une nuit, en » faisant sa ronde nocturne, il aperçut une dou- » zaine d'hommes chargés de cinq fortes malles, » qui descendaient la rampe du parterre; l'un » deux allait en avant pour éclairer la marche. » Ces mystérieux personnages se dirigèrent vers » l'angle nord du parc, endroit que l'on appelle » Labyrinthe. Là, ils déposèrent leurs fardeaux, » firent des fouilles, y mirent les malles, les re- » couvrirent de terre, de pierres, de branchages, » et se retirèrent par la porte qui donne sur la » campagne. Un seul rentra au palais; et le spec-

» tateur, caché dans un taillis, reconnut dans cet
» homme son supérieur en chef!..... La moindre
» indiscrétion pouvait lui coûter la faible place
» qui le faisait vivre; il se décida à garder le
» silence.

» Mon père, en mourant, me raconta ces cho-
» ses, et me fit promettre par serment de ne point
» les révéler tant que les Bourbons seraient dans
» l'exil. Aujourd'hui qu'ils sont de retour, je puis
» faire et je vous fais cette révélation.

» — Mais pourquoi, dit le digne ecclésiastique,
» ne vous êtes-vous point adressé à l'un des mi-
» nistres de l'état?

» — Apprenez, mon père, qu'une malheureuse
» affaire d'opinion, un jugement par contumace
» m'oblige de me tenir caché..... Je suis même en
» ce moment sans asile..... Qu'on ordonne des re-
» cherches, je ne demande que la subsistance et
» le secret; y consentez-vous?

» — Il le faut bien, répondit le confesseur;
» vous resterez à la mission; vous passerez pour
» l'un de mes parents, et l'on aura soin de vous.
» Je vais prévenir qui de droit, et nous ver-
» rons. »

L'ordre de commencer les fouilles n'arriva que
le mois suivant. Douze ouvriers, qui vivent en-

core, présidés par l'ex-sous-officier Morin, car c'était lui, entament le terrain, enfoncent de longs pieux, sondent le sol, et font des tranchées dont on voit encore aujourd'hui les traces. Le mois de janvier s'écoula sans amener de résultat.

Le froid interrompit les travaux pendant plus d'un mois. Mais, enfin, un jour, la pince d'un ouvrier entra en terre et disparut comme dans un gouffre!..... Surprise, exclamations, cris de joie : nous le tenons! nous le tenons, le trésor! Vite, que l'on prévienne les chefs!

Le bruit s'en répandit en ville avec une étonnante rapidité. Le clergé, croix et bannière en tête, arrive avec les autorités et la foule. On creuse de nouveau avec ardeur; encore un coup de pioche et le dieu des avides humains va s'offrir dans tout son éclat; le coup est donné, le sol s'ébranle, s'écroule : on trouve un caveau, mais vide!..... Peut-être qu'on se trompe de place; on fouille un peu plus loin : rien encore..... Il fallait ou que les malles eussent été enlevées, ou que la révélation fût une imposture. Cette dernière supposition prenait de la consistance lorsque le révélateur disparut!.....

On était arrivé au 15 mars,

Le sol était encor blanchi par les frimais.

Morin se rendit à la grotte et attendit avec confiance le 21, jour fixé pour sa réunion avec son
amante. Il admirait les traces de l'hiver autour de
son asile : ces genevriers dont les élégantes draperies d'un vert sombre contrastaient si fort avec
la blancheur du givre qui les couvrait. Certainement il y avait de quoi se morfondre, si l'amant
n'eût été réchauffé par l'idéal des souvenirs.

Cependant le bruit courait que Napoléon venait d'être arrêté par les troupes du duc d'Angou-
lême. Morin prit quelques provisions, et se tint
aussi caché que de coutume.

L'espérance le comblait de ses grâcieuses chi-
mères ; mais, parfois, le doute venait ébranler ses
convictions, et le plongeait dans l'amertume : n'est-
ce pas l'imagination qui fait les joies et les misères
de l'homme?

Enfin, le 21 mars, l'amant se tint constamment
tout le jour au bord de la route ; Glaudine ne parut
point. Il revint le soir à sa grotte, en proie à la plus
vive inquiétude. Le jour suivant, personne encore..... vingt fois il crut voir au loin l'objet désiré,
vingt fois le poignard de la douleur s'enfonça plus
avant dans son sein.

Quand sa bourse et sa provision furent épuisées,

il eut recours à l'industrie : il ne lui fut pas difficile
de se procurer quelques pièces de gibier qu'il offrait aux passants en échange d'un morceau de pain.
Mais ce négoce inusité, sa mine affligée, son air timide le rendirent suspect aux passants dont l'i-
magination exagère toujours les aventures. Chacun en parla, et le bruit courut qu'une bande de
voleurs infestait le canton : on les avait vus, comp-
tés ; ils étaient vêtus d'une manière effrayante et
armés jusques aux dents ! Comment ne pas s'émou-
voir ! On se tint sur ses gardes, et un jour, notre
solitaire faillit être arrêté par quatre vigoureux
paysans. Il leur fit perdre ses traces et arriva à sa
grotte, fatigué, mourant de faim et désespéré de
l'absence de son ami .

La rumeur publique lui avait appris l'arrivée de
l'Empereur à Paris, Mais que lui importait Napoléon et le métier des armes ! Il aimait, que lui importait la gloire ! Sa fatale passion avait dévoré son
patriotisme. Il avait assez fait pour sa patrie en
restant enchaîné à son drapeau pendant quatre
années : quel esclave redemande ses fers quand
il jouit sur les montagnes de l'air pur de la liberté ?

Le jour suivant, il n'osa pas sortir, et en exami-
nant plus attentivement sa grotte, il aperçut, dans

un enfoncement du rocher, la petite croix d'or qu'il avait donnée, en gage de son amour, à la jeune paysanne. La vue de Glaudine elle-même ne lui eut pas causé une émotion plus forte que celle qu'il éprouva. Il prit avidement le précieux bijoux, le contempla en silence, le couvrit de baisers brulants, le posa sur son cœur et dit :

» — Je suis trahi, abandonné!.... Cela est-il pos-
» sible ? Glaudine si bonne, si charitable !..... Mais
» ce souvenir de ma mère me reste ; puisse-t-il
» suffire à ma consolation!... Puis il reprenait :
» Comment croire à une pareille ingratitude?.....
» Peut-être est-elle malade, absente, dans l'im-
» possibilité de me secourir..... mais cette croix
» rendue, rapportée..... il faut sortir de mon in-
» certitude.....

Cela dit, il prend résolument le chemin du village.

C'était pour lui un jour solennel, un instant décisif. Il regardait tous les passants avec défiance ; il craignait d'apprendre et il appréhendait d'ignorer. L'aspect de la campagne en fleurs lui fit quelque bien, et le son des cloches qu'il entendait l'émut vivement : c'était la mélodie réunie aux parfums, ces délices de l'âme et des sens. Cependant, que signifiaient ces sons de cloches ? Etait-ce un bap-

tême, un mariage, un enterrement? ces trois époques de la vie humaine... Il entendit dire que c'é-
tait un mariage.

» — Entrons à l'église, pensa-t-il, et appelons
» sur les conjoints la bénédiction du ciel!

Le couple était à genoux devant l'autel. Morin
jette les yeux sur les époux; il reconnaît sa fiancée,..... Glaudine! s'écria-t-il involontairement. La
jeune femme tourne la tête, aperçoit son amant et
tombe évanouie.....

Tandis que l'on s'empresse de la secourir, Morin
sort de l'église et gagne la campagne, en proie au
plus violent désespoir.

La fraîcheur de l'air ayant un peu calmé son
agitation, et voyant qu'il n'était pas poursuivi, il
s'arrête et accoste un jeune paysan qui labourait
les champs.

» — Mon brave homme, lui dit-il, savez-vous qui
» se marie, aujourd'hui, au village?

» — Oui da, répond gaiement celui-ci, c'est
» Glaudine, la pu gentille de not pays. Al épouse
» un bon fermier qu'a cinq chevaux dans son écu-
» rie qui n'devont rien à personne. Croyez-vous
» qu'a n'voulait pas se marier c'te colette! à cause
» qu'al avait une amourette avec un quidant,
» commé qui dirait un voleur de grands chemins!...

» Mais on vous la flanquait au couvent ; et mafine,
» quand al eut bin pleuré, bin pleuré, a s'décida...
» et c'est bin tant mieux pour elle : une maison,
» des gens.....

L'infortuné n'en voulut pas 'entendre davantage,
et il lui fallut toute la force de son âge et de son
tempérament pour supporter sans mourir l'an-
goisse qui l'oppressait. Il rentra à sa grotte dans
un état impossible à décrire.

Il se plaignait, il maudissait sa passion et son
sort; et pourtant, Dieu sait combien la trame de
notre vie serait sombre, si elle n'était mêlée d'amitié et d'amour !

Cependant il crut qu'il était de son devoir d'é-
crire au curé du village une longue lettre dans laquelle il retraça son histoire et celle de ses relations
avec Glaudine. Nous allons en extraire ce passage
seulement.

« Monsieur le Curé,
» Jeudi dernier, vous avez consacré l'union con-
» jugale de deux amants... que Dieu les bénisse !..
» Et moi aussi, j'ai aimé cette femme..... Mais le
» ciel ne me l'avait pas destinée..... C'est bien in-
» volontairement que j'ai troublé la cérémonie.....
» Mes liaisons avec mademoiselle Glaudine ont
» fait courir de mauvais bruits sur elle et sur moi:

» tout cela est erreur ou mensonge. Je déclare et
» je prends le ciel à témoin, que Glaudine est pure
» et son honneur sans tache. Elle a consenti à ce
» qu'on disposât de sa main..... qu'elle soit heu-
» reuse..... je ne troublerai pas son bonheur.

» Quant à moi, je n'ai plus aucune raison de me
» cacher, si ce n'est dans la tombe..... accordez-moi
» une prière en mêlant mon nom à celui de cette
» jeune femme que je ne reverrai plus ; c'est tout
» ce que je demande en cette vie.....

» MORIN. »

A cette lettre était jointe une longue pièce de
vers dont voici un fragment :

Souvenirs du Solitaire.

N'y pensons plus ; fuis ô doux rêve !
Qui me la viens toujours offrir
Innocente et pure comme Ève,
Oublions-la, c'est trop souffrir !

Autrefois, ô mon Dieu ! que j'aimais la nature !
Que j'aimais les grands bois, les bocages, les eaux,
Les sauvages rochers, les tapis de verdure,
Le bruit de la tempête et le chant des oiseaux.

Du haut des monts, alors que la nuit se dérobe,
Que j'aimais voir briller avec sa blanche robe
L'aube dominicale au saint parvis du ciel !
C'était l'heure où naissaient mes extases profondes,

L'heure où je demandais au créateur des mondes
Ces chants qui pour mon ame ont la douceur du miel.

. . . .

   Mais quand s'offrit à moi Glaudine si modeste,
Avec son doux maintien, sa beauté, sa candeur,
J'oubliai tout et crus que du séjour céleste
Un ange était venu pour faire mon bonheur.

   Que de fois égaré dans ce lieu romantique,
Ou bien assis près d'elle, au pied d'un chêne antique,
Je lui donnai le nom d'ange, de doux trésor!
Nous lisions tour à tour maintes sublimes pages,
Ou j'ornais ses cheveux de quelques fleurs sauvages
Qui la rendaient plus belle et plus aimable encor.

     Que de fois..... mais fuis, ô doux rêve!
     Qui me la viens toujours offrir
     Innocente et pure comme Eve,
     N'y pensons plus, c'est trop souffrir.

Que devint-il, après cet acte d'abnégation et de courage? Demeura-t-il dans sa grotte pour y vivre au sein de la nature? S'attacha-t-il encore à l'étude, à la recherche du savoir, ce tourment des nobles âmes? Ou vola-t-il au secours de sa patrie menacée? Nous l'ignorons absolument. Tout ce que nous savons, c'est que longtemps après cet évènement, des bûcherons trouvèrent dans les rochers de la forêt, un squelette humain tout entier, dont les os dénudés et blanchis attestaient plusieurs lustres d'exposition en plein air. Le docteur L...... s'y

transporta, examina ces débris, et déclara qu'ils
étaient ceux d'un sujet masculin; et il les fit
porter sans pompe au cimetière de Fontainebleau.

Nous ne doutons pas que ces os ne fussent les
restes mortels de l'infortuné Morin.

———

Pour aller trouver la grotte du solitaire, quittons
notre asile et filons, à droite, le long de cette falaise escarpée. A chaque instant va naître une scène
nouvelle pour l'observateur. Toutes ces roches
portent des noms et des inscriptions : il serait beau
d'y lire des vers et des sentences ; mais il faudrait
que les hommes fussent raisonnables, et qu'ils n'y
missent que de belles maximes.

A l'angle de ce point, est une petite roche que sa
structure et sa situation ont fait nommer *Chaise-
Cuvier* : elle est, en effet, placée sur un cap qui
ressemble à un observatoire. Puis viennent des aspects moins nus auxquels succèdent des beautés
d'un autre genre. Ces détours tiennent du magique
par la variété des tableaux ; ils nous conduisent à
une rotonde d'une décoration singulière : un arbre
est au centre, et son pourtour est hérissé d'immenses roches brisées, et dont les fractures portent les
marques d'une haute antiquité. Ce tertre, propre à
l'étude et à la contemplation, est nommé : *Oasis des
Deux Sophies*. C'est une idée charmante.

Voici du nouveau. Deux rocs se dressent et semblent se combattre du front ; ils demeurent ainsi en équilibre : ce sont deux frères ennemis. En attendant que l'un renverse l'autre, passons entre ces deux rivaux dont la querelle n'est pas près de finir. Cette image se reproduit une seconde fois avec des particularités différentes.

L'aérolithe mérite aussi notre attention ; rien n'attire plus les regards de l'homme qui pense que les configurations extraordinaires : on se demande involontairement quelle puissance a pu soulever hors de terre de pareilles masses, et quels mystères cachent ces vieux témoins de la création. Beaucoup de ces rocs ont perdu de leur position horizontale ; c'est un charme de plus ; ils semblent dire aux humbles mortels : que tout ce qui rampe se console, car tout ce qui s'élève tombe.....

Ces débris d'un autre âge ne sauraient étouffer la force créatrice de la nature. Voyez ce chêne quatre fois centenaire, et qu'anime un reste de végétation ; il brave l'aridité du sol et se promet bien, au printemps, de reverdir encore. Mais, hélas ! la cîme du vieil arbre déjà se couronne, et les tempêtes du ciel sont comme les orages populaires : elles brisent les fronts couronnés !.....

Le champ de manœuvre reparaît à nos regards.

Cette fois, nos carabiniers en sillonnent la surface, et nous pouvons jouir d'un spectacle superbe.

Voyez, aux extrémités de la plaine, ces masses de centaures aux pieds agiles; le soleil fait resplendir l'or et l'acier de leurs brillantes armures : on dirait des esprits de lumière emportés par de noirs démons! Voyez-les s'ébranler, bondir et se précipiter sabres nus dans l'arène. Avec quelle ardeur ils s'attaquent, avec quelle adresse ils s'évitent : voilà l'image de la guerre !..... Mais, heureusement, ce ne sont ici que des évolutions militaires, noble exercice qui ne doit coûter la vie à aucun de ces braves.

Quel horizon merveilleux on découvre de cette pointe de rocher sur lequel on est comme englouti dans l'océan de l'air! Quels aspects sauvages et mélancoliques! Tout cela est si curieux dans ses formes, si magnifique dans ses effets, qu'on est tenté de suspendre sa promenade et de rester en contemplation.

Un souterrain se présente et fait contraste avec le dernier tableau. Ce changement de scène n'est point pénible; le cœur, toujours avide d'émotions, aime tout ce qui le remue. Traversons cette voûte froide et sombre, et nous voilà dans un chaos qui n'est guère plus attrayant. On s'en échappe et l'on

retombe de Carybde en Scylla, puisqu'on a à traverser une autre caverne plus effroyable encore, et
où l'on est comme enseveli entre des rocs d'un
aspect affreux.

La dernière de ces catacombes et la plus éclai-
rée est appelée, à mon intention, *le Repos du Poète-
Ouvrier*. Là, l'homme le moins habitué à la réflexion,
garde le silence et rentre en lui-même. On n'y voit,
on n'y entend ni le vol d'un oiseau, ni le souffle
des vents; on se croit au fond d'un sépulcre; et
l'on ne tarde pas à fuir, tant on craint la chûte de
ces rochers suspendus, comme par miracle, sur vos
têtes! Un jeune et charmant bouleau nous rappelle
la végétation. Le bouleau est naturellement très
pittoresque. A le voir sortir de la fente des rochers
et se contenter du plus maigre terrain, aux formes
bizarres qu'il affecte presque toujours, on dirait
que ce végétal intéressant fait tout son possible
pour le devenir davantage.

Si l'on ajoutait foi aux puissances surnaturelles
qui charmaient notre enfance, on pourrait se croire
transporté dans le pays des fées, tant notre sentier
devient miraculeux : ici c'est un roc formidable,
ou plutôt un moine encapuchonné. Là, une énorme
tête humaine. A gauche, un sanglier allonge sa
hure hideuse. A droite, une girafe colossale élève

sa tête un peu camuse, etc., etc. Qui croirait qu'environné comme on l'est, ce site pût avoir quelque charme? Mais cette décoration est nouvelle, et la nouveauté plait toujours à l'esprit.

Nous descendons dans une région pleine d'ombre et de fraîcheur, et remontons aussitôt à travers un site âpre et sauvage. Le chemin, difficile sans être dangereux, nous conduit au milieu des objets dignes de la curiosité des artistes. Malgré l'éloignement de toute habitation et la solitude qui nous environne, avançons sans crainte : Notre forêt n'a pas la triste célébrité de la forêt des Ardennes : amants de la nature, venez-y rêver le jour, à minuit, heure sombre et lugubre, venez-y voir lever et coucher le soleil, rien n'interrompra votre rêverie que la fuite des pauvres animaux que l'on pourchasse terriblement de nos jours.

Voyez-vous, là-haut, cette espèce de tribune qui nous présente une station commode? C'est la Grotte des Chasseurs. Il eût été fort difficile d'y aborder; mais l'auteur du sentier a construit un escalier gracieusement sinueux, et formé de vingt-huit marches, afin de nous mettre hors d'embarras. Nous trouvons là un abri, une table et des siéges naturels. Asseyons-nous et jetons un coup-d'œil sur le spectacle qui nous est offert.

C'est encore une scène dont la reproduction imi-
tative serait impossible. Rien de plus fantasque :
On dirait le produit d'un cerveau en délire. La position est tant soit peu théâtrale ; à votre gauche,
s'élève un jeune pin des plus gràcieux ; à droite,
un pittoresque bouleau semble vouloir vous garantir des feux du midi ; il se balance avec une
grâce infinie ; voyez comme toutes ses branches
suivent la direction de l'orage : le vent, dit-on, n'est
qu'un air agité ; hélas ! oui ; et c'est ainsi que le
savoir désenchante la vie. On aimerait mieux croire
à la présence d'un sylphe aérien qui se joue dans
le feuillage du jeune arbre, pour nous réjouir.

Devant vous, c'est un encaissement de blocs en-
tassés, culbutés les uns sur les autres, s'appuyant
par leurs arêtes, s'inclinant sous toutes sortes de
bases, et au milieu desquels il est impossible de
faire un pas ; un chevreuil bondit avec joie sur ces
vagues pétrifiées. La végétation qui cherche à en-
velopper ces roches, représente la tendance de l'esprit à dominer la matière : il en est tout autrement
dans certaine petite ville. En somme, cette création
ébauchée, irrégulière, quoique majestueuse, rappelle à l'homme une main toute puissante.

Notre sentier nous élève ensuite assez rapidement. Tant mieux ! Un trésor d'idées et d'images

6

se présente à chaque pas que l'on fait sur les hauteurs, et l'horizon de la pensée s'agrandit avec celui des yeux. Le champ de manœuvre nous apparaît de nouveau ; il est rendu à son calme habituel. Mais, à gauche, voici de quoi éveiller notre
attention,

Deux roches hautes et nues vous étonnent par
l'énormité de leur masse ! Voilà, sans doute, les plus
anciens monuments du globe !... Leur belle vieil-
lesse annonce qu'en dépit des éléments conjurés,
elles assisteront au dernier jour du monde; et leur
immobilité au milieu des tempêtes de la vie, est,
dit-on, une image exagérée du sage dont l'exemple
n'exista jamais ou bien rarement.

Quittons ces roches géantes, passons devant la
caverne au serpent et escaladons ce monticule. Depuis que nous sommes sur les hauteurs, nous res-
pirons plus à l'aise, ce qui est physiquement prouvé.
Nos yeux, qu'environnent des aspects magnifiques,
ne savent où se reposer. Nous cotoyons, à gauche,
un énorme et long rocher qui fait frémir, tant son
inclinaison est menaçante. Des bans naturels om-
bragés de très jolis bouleaux font de ce morne un
point délicieux pour les âmes contemplatives : c'est
une véritable promenade aérienne.

Quant à ces effrayantes masses de grès, quelquefois divisées par plaques horizontales, elles indiquent une formation pareille à celle des montagnes calcaires et sont, par conséquent, l'ouvrage des eaux. Ainsi se confirme l'hypothèse du long séjour de la mer sur le continent : toutes ces collines sont restées des milliers d'années sous les ondes ! Peut-être leurs sommets seuls étaient à découvert et formaient des îles désertes ou habitées; quels étaient ces habitants? Nul ne le sait. Moïse qui a fait l'histoire des premiers hommes, se contente de dire de la plupart, qu'ils vécurent et moururent !

> Théâtre abandonné de notre vieille histoire,
> Mystérieux débris d'un vaste promontoire,
> Si j'en crois Israël, aux jours de Canaan,
> Vous serviez de rivage à l'antique Océan.
> Les générations passent comme des ombres;
> Le passé, l'avenir sont deux abîmes sombres;
> Et dans mille ans, peut-être, une dernière fois,
> L'onde victorieuse engloutira ces bois!

Oui, dans un millier d'années, tout cela sera de nouveau englouti, ou présentera une autre face, et si la terre porte des hommes, ils verront ce spectacle bien différent ! Mais que nous importe, à nous, atomes d'un instant, que nous importe ce que sera la terre dans l'avenir? Revenons au présent, et surtout à notre sentier.

Aussi bien, voilà un site fait pour nous rappe-

ler à nous-mêmes : ce sont *la Galerie du Chaos* et
l'Œil de Polyphême. Ici, la nature semble avoir été
en convulsion ; ces rocs démantelés vous font peur!
On ne voit plus qu'un étroit espace du ciel, et le
jour est beaucoup affaibli. L'émotion qui vous
gagne vous fait quitter à la hâte ce passage étran-
glé !

Après avoir repris possession du grand air,
nous tournons autour d'une roche immense et mer-
veilleusement découpée. Elle a pour piédestal un
roc d'un moindre volume qu'elle écrase de son
poids : ses flancs qui débordent beaucoup son point
d'appui, lui ont fait donner le nom de *Roche Vo-
lante.*

L'un de nos instincts les plus vagues est cet attrait qui nous porte en imagination vers les horizons. C'est que tout ce qui est hors de notre portée
nous paraît avoir mille charmes ; tout ce que le
cœur désire semble s'y réaliser. Les lointains sont
comme notre avenir : tout entier en perspectives;
ils offrent une espérance qui n'a pas encore été dé-
déçue, et nous ne les convoitons que parce que
nous ne les connaissons pas !..... C'est pourquoi
nous nous élevons au sommet de cette roche dont
l'accès est facile. Le panorama qu'on a sous les
yeux n'est pas très étendu, mais les détails en sont

si abrupts, les teintes si rudes et les profils si heur-
tés, qu'il plaira toujours aux artistes.

Pour arriver au terme de notre promenade, nous
tournons à gauche et n'avons plus à parcourir que
le flanc nord de la vallée, et notre petit sentier nous
conduit à *la Grotte du Solitaire*, qui servit d'asile à
Glaudine et Morin. Cette grotte ne dit-elle rien à
votre imagination? Qu'est devenu le jeune couple
qui l'habita? Hélas! tous deux sont partis pour la
patrie commune qui n'est, peut-être, que l'éternité de
la tombe!..... Ici, l'on devient involontairement rêveur par le souvenir des illusions du jeune âge :
joies et tourments que nous avons tous éprouvés,
jours qui, dans l'affliction même, avaient encore des
charmes.....

> L'homme, hélas! ne vous apprécie
> Que quand vous lui dites adieu !

Maintenant, nous avons à choisir entre trois directions : revenir en arrière ; faites une trentaine
de pas en avant, puis tourner à gauche pour retrouver *la Grotte des Demoiselles*, c'est le chemin le
plus court pour revenir à la ville. Ou bien tourner
à droite, puis à gauche pour gagner la *Croix St-*
Hérem et la Gorge aux Loups, où l'on verra encore
de bien beaux sites. Je n'y accompagnerai pas le
promeneur. Qu'irai-je y faire? Décrire encore des

rochers ; mais j'ai tant parlé de ces Thébaïdes que je ne puis y revenir sans tomber dans la monotonie et l'uniformité. Il vaut donc mieux passer à la troisième promenade.

FIN DE LA DEUXIÈME PROMENADE.

PROMENADES ET IMPRESSIONS

DANS LA FORÉT.

—

TROISIÈME SECTION.

—

HAUTES FUTAIES.

Voyez cette forêt solitaire et profonde,
Lorsque la feuille pâle, à son dernier moment,
Du rameau se détache et vient languissamment
Etaler sous nos pas, immobile et fanée,
Le douloureux tableau de notre destinée !

Nous passons devant la Chapelle Evangélique
sur laquelle nous lisons : *liberté, égalité, fraternité.*
Il y a donc des dogmes qui n'excluent pas les sai-
nes maximes de la raison. A peine entrés en forêt,
nous voyons, à droite, le champ du repos. Il ne
l'est pas pour tous !..... La vertu et le vice ne peuvent avoir la même destinée. Hasardons sans crainte
quelques idées : ne meurt-il pas sur la terre près
de cent mille personnes par jour? Que de raisons
pour se familiariser avec les lois de la nature !

Ce qui cause d'abord un sentiment douloureux,

c'est cette séparation entre la tombe du riche et celle du pauvre. Ce sont ces palais funèbres qui, du haut de leur colline, semblent dédaigner les humbles sépultures. Singulier mépris de l'indigence! Comme si l'âme, retournée dans le sein de Dieu, était encore accessible aux tristes passions de la terre!..... Encore, si les tombes étaient destinées à ceux que la nature a formés d'une argile moins grossière.

Les pins dont cet enclos abonde conviennent au champ des trépassés : comme eux, ils ne sont point sujets aux vicissitudes des saisons. Voyez comme tous leurs rameaux, d'un vert sombre, semblent s'affaisser sous le poids de lugubres pensées : c'est l'image de l'affliction. Aussi, après un monument qui flatte notre orgueil, ce que nous désirons le plus avoir près de nous dans l'éternité, c'est un arbre, dernier don de quelqu'ami. Tout ce qui a un mouvement naturel ne possède-t-il pas une partie de la céleste intelligence? Un arbre est un compagnon vivant, quoique muet; on n'est donc pas entièrement abandonné. Puis, autre illusion peut être : les particules de notre corps quittent la terre, se transforment en sève, gagnent les rameaux du végétal, et vont encore une fois sourire aux brises de la vie!..... Sortons de l'asile des morts pour continuer notre promenade.

Nous abordons le carrefour des Huit-Routes, et nous voyons à gauche, une large voie taillée sur le flanc de la montagne, à la manière de celles que Napoléon fit faire dans les Alpes. Celle-ci est l'ouvrage de M. *De Boisdhyver*, inspecteur habile que la République a injustement déplacé. Quel dommage que cette route soit si sablonneuse ! La pente en est douce, et à quelques endroits on y jouit d'un coup-d'œil attrayant sur notre ville et ses environs : c'est un panorama continu.

Le carrefour de la *Butte-aux-Aires* nous met en présence d'une scène peu vaste, mais du plus grand effet, et qui frappera sans doute le promeneur d'admiration. Voilà donc une antique forêt dans toute sa magnificence et avec tout le prestige qui s'attache à ces monuments de la nature ! Il faudrait être dépourvu du sens intime pour n'être pas impressionné en présence de ces mille géants qui se dressent devant vous avec la majesté des âges, et semblent vous faire entendre la voix mystérieuse du passé : hélas ! ils comptent peut-être leur dernière année !..... Dans un moment où nos grands bois sont menacés de destruction, n'est-ce pas le cas de rappeler qu'anciennement, il n'y avait que les rois qui eussent le droit d'avoir de hautes-futaies. Ce n'était point une spéculation indigne de la couronne; c'était pour conserver les forêts, pour que les bois fussent inviolables et ne changeassent pas de nature.

Ne nous pressons pas d'avancer. Devant nous est une longue route qui coupe le pavé de Paris et conduit au *Bouquet du Roi*, bel arbre que nous avons chanté :

Toi dont la nuit des temps cache le premier âge, etc.

Il est véritablement historique, puisque c'est Henri IV qui, en 1606, l'a nommé le Bouquet de la Forêt. C'est peut-être le seul arbre que de nos jours on n'ait pas osé débaptiser. Non loin de lui sont les Deux Chênes Amis,

Dont les troncs vermoulus, vides et crevassés,
Semblent deux vieilles tours, filles des temps passés.

Messieurs les conducteurs leur ont fait perdre le nom des *Deux Amis*, pour celui des *Deux Frères* : quel effort d'imagination !... Tout près d'eux est le *Juif-Errant*, que les mêmes personnes ont rebaptisé le *Pharamond*.

Il nous est arrivé, à diverses époques, d'accompagner *Châteaubriand* et *Béranger* sous ces beaux ombrages. Ce dernier ne voulut jamais venir jusqu'au *Bouquet du Roi* : — Horace y serait bien venu, lui disais-je. — Horace était un courtisan, reprenait-il.

Parlon s de ce qui est plus rapproché. Autour de
nous sont une infinité de vieux arbres qui ont reçu
de nos ancêtres des noms significatifs : à droite et
à la distance de cent pas, surgit le géant *Adamas-
tor*. Placé en avant-garde sur la lisière de la forêt,
il semble menacer encore la flotte portugaise,
alors qu'elle eut doublé le cap des Tempêtes !

En avançant sur la longue route dirigée vers le
nord, nous voyons à droite, au bord d'un chemin,
l'arbre *le Templier* : image du guerrier religieux
sur son bûcher, il lève les bras au ciel pour ajour-
ner ses tyrans à comparaître devant l'éternel ven-
geur !... Puis vient le *Guillaume Tell*. Mais les arbres les plus remarquables sont à gauche. Ce sont
les *Deux Hercules*, distant l'un de l'autre d'une centaine de pas. Ces deux robustes colosses, vieux de
plus de cinq siècles, ont les formes saillantes, la
vigueur nerveuse et l'expubérance de vie du héros
fabuleux qu'ils rappellent.

Quelle agréable fraîcheur on éprouve sous ces
dômes de verdure, temple du recueillement et de
la pensée ! Salut, belle forêt, vaste solitude si chère
aux Bardes ! Car le souffle poétique erre parmi
les bois. Quel poème que cet imposant silence
troublé seulement par le vagissement du feuillage !
On dirait la voix lointaine d'une harpe invisible qui

soupire sa mélodie; cet indéfinissable et harmonieux concert plonge l'âme dans des rêves sublimes. Et quelle simplicité dans cette magnificence : de grands arbres ombrageant un sol couvert de mousse! Mais ces bois sont le jardin de Dieu..... c'est lui seul qui les a plantés!

C'est sous cette sombre allée, dit madame de Caylus, que madame de Maintenon, seule avec madame de Montchevreuil, venait à des heures indues, respirer le frais et calmer l'agitation de son esprit. Plus tard, Napoléon, sur son pâle coursier, sillonna aussi ces solitudes, étant à la poursuite de quelque cerf qui lui échappait rarement. Il demanda un jour qu'on lui fît voir du *gui* sur un chêne : il n'eut pas cette satisfaction.

Arrivés au carrefour du *Gros-Fouteau*, nous filons entre une haute futaie et un jeune taillis. Nous mesurons encore une fois de l'œil, tous ces vieux témoins des siècles écoulés; et bientôt une platière, fourrée de houx aux fruits vermeils et de genevriers odorants, nous ferme le passage. A droite, une route un peu sableuse nous conduit à une jolie esplanade ornée de banc de gazon et ayant un hêtre à son centre. Ce point, situé entre les bois et l'une des parties les plus rocheuses de nos contrées, est un endroit très pittoresque et très fréquenté. Au milieu des rochers monstrueux et bizarres qui nous environnent, il en est un, surtout, qui doit au sentiment, ce doux charme de la vie, l'intérêt et la curiosité qu'il excite : c'est le *Rocher des Deux Sœurs*. Cette histoire est racontée fort longuement par *Sandras*, dans ses Gaules du moyen-âge. Puisse notre version, beaucoup plus succinte, conserver une partie de l'innocence et de la grâce de ce tableau.

LES DEUX SŒURS

Nouvelle historique.

Le véritable amour est le plus chaste de tous les liens.

L'année d'après l'assassinat du duc de Bourgogne, le roi Charles VI, atteint d'imbécilité, abandonnait les rênes du gouvernement à *Isabeau*, sa coupable épouse, ou au premier intrigant assez habile pour s'en emparer. Le dauphin Charles, accusé du meurtre de Montereau, était exhérédé. Catherine, l'une des filles du roi, venait d'épouser le roi d'Angleterre, et on avait déclaré ce monarque héritier du royaume de France. Mais beaucoup de villes ne voulurent point reconnaître ce traité ; Melun fut de ce nombre et ferma ses portes aux partisants de l'étranger ; en conséquence, on en vint faire le siége.

Pendant ce temps, Charles VI, abandonné à Paris dans son hôtel St-Paul, restait livré à toutes les privations, soigné bien ou mal par Odette, jeûne fille compatissante que l'on avait mise près de lui. Pour la Reine Isabeau, comme il lui fallait absolument des plaisirs variés, elle vint avec ses filles et ses neveux assister au siége de Melun, et habitait le Palais de Fontainebleau qu'elle affectionnait beaucoup.

Au nombre des seigneurs qui composaient cette petite Cour, était *Dunois*, fils naturel du duc d'Orléans. Ce jeune homme surpassait ses frères de père en mérite et en beauté ; et, plus tard, il se rendit célèbre par sa valeur et ses talents militaires. Il pouvait alors avoir dix-sept ans.

Le siége de Melun durait depuis un mois et n'avançait pas. Isabeau qui ne pouvait vivre sans divertissements, passait le temps au milieu des orgies ou des fêtes. Un jour, elle organisa une partie de chasse, et fixa le rendez-vous à la petite esplanade que nous venons de voir, (On sait qu'avant 1664, la route qui la rase était la seule voie de communication entre Melun et Fontainebleau). Là, on avait dressé plusieurs tentes destinées

à abriter la table du festin, et à garantir les convives des ardeurs du soleil, car on était au mois
d'août. Parmi les personnes qui n'avaient point
suivi la chasse, se trouvaient Jeanne et Marie, filles
du roi et âgées de quatorze et quinze ans.

Ces jeunes princesses étaient vives et charman-
tes. Aux avantages d'un teint frais, délicat et blanc
comme un lys, elles réunissaient le charme d'une
taille svelte, élégante et les traits les plus distin-
gués. Pourtant, Marie avait la taille plus fine, la
chevelure plus blonde, et dans ses yeux, qui sem-
blaient empruntés aux esprits célestes, on li-
sait ce je ne sais quoi qui inspire de douces extases.

Des rapports d'humeur et de caractère rappro-
chaient continuellement les princesses, et cette
sympathie cimentait entre elles une sainte et inal-
térable amitié. Elles étaient toujours ensemble;
dès que l'une avait quelque sujet de chagrin, l'au-
s'en montrait sensiblement affectée; la gaîté de
Marie était un rayon de bonheur pour Jeanne, et
réciproquement. Bien que nées d'une mère si coupable, elles étaient aussi pures que jolies, car elles
avaient pour directeur, le père Angelo, l'homme le
plus vertueux de son temps.

Une douce intimité les unissait à Dunois, fils naturel du duc d'Orléans, et ce jeune homme aimait beaucoup ses deux cousines, mais principalement Marie. Comme il était aimable et bien fait, il plut facilement à toutes deux, et, leur innocence ne leur permettant pas de s'éclairer sur cette inclination naissante, chacune se flattait intérieurement d'être l'objet de la préférence de leur cousin.

Dès que Dunois se trouvait seul avec Marie, son bonheur égalait son embarras; il se contentait de lui dire avec émotion : « quand je vous vois je suis heureux! » Et la jeune fille qu'un regard seul faisait rougir de pudeur, ne répondait que par un léger sourire de satisfaction. Demi-aveux de la beauté timide, vous valez bien les plus éloquentes déclarations.

Nous avons dit que Jeanne et Marie étaient restées au rendez-vous pendant la chasse. Elles se trouvaient heureuses de pouvoir s'égarer dans la solitude de ces rochers. Elles couraient ensemble çà et là, effarouchaient les oiseaux, cueillaient des fleurs aussi vierges qu'elles, en faisaient des bouquets ; et quand elles arrivaient sur un point qui offrait une perspective, Jeanne disait à sa sœur :

« — Vois donc, Marie, cette nature majestueuse » et sauvage! quel chaos!..... Nous n'avons jamais

» rien vu de pareil. A quoi tout cela est-il bon?
» Comment tous ces rochers ne roulent-ils pas les
» uns sur les autres, en renversant les arbres qui
» les abritent!

   » — Tu as raison, répondait Marie, je ne puis
» m'expliquer le but d'un tel désordre. Telle est
» sans doute la volonté du ciel ; car, tu le sais bien,
» comme rien n'a été créé sans son entremise spé-
» ciale, rien n'est inutile et ne peut subsister sans
» sa protection particulière. Vois aussi quelle
» quantité de fleurs il y a autour de nous, et
» comme elles sont jolies quoique simples.

   » — Il doit y en avoir de plus belles dans la
» vallée; mais je n'oserais y aller seule ; viens
» avec moi, Marie, nous en cueillerons beaucoup,
» puis nous reviendrons nous asseoir sous cette
» grosse roche, où nous tresserons des couronnes
» pour nos parents. »

   Cela dit, elles partirent en folâtrant comme
deux jeunes chèvres des montagnes. Elles empli-
rent leurs corbeilles et revinrent sous la roche
pour accomplir l'opération projetée. Plusieurs couronnes étaient déjà tressées, lorsque Marie dit
avec une apparente négligence :

   « — Et notre cousin Dunois, en aura-t-il une ?

   » — Ah! répondit Jeanne avec affection, il le
» faut bien : lui qui fait tout ce que nous voulons,

7

» lui qui nous a donné cette jolie tourterelle au
» collier d'ébène que nous avons apprivoisée; il
» serait trop affligé si nous l'oublions ainsi.

» — Il est déjà assez malheureux de ce que
» notre tante Valentine ne peut le voir ni le sen-
» tir, reprit Marie.

» — Pauvre jeune homme!..... dirent-elles en-
» semble; et elles travaillaient avec plus d'ar-
» deur. »

Cependant le vent s'était élevé, et de gros nuages s'amoncelaient dans le ciel devenu obscur.
Tout-à-coup un orage éclate avec furie : la tempête est si violente, les éclairs si fréquents, et la
pluie si prodigieuse, que les jeunes filles n'osent
plus sortir de leur asile, et prennent le parti d'attendre le retour du beau temps. La nuit vient; et
les torrents qui roulent de toutes parts minent les
rocs, déracinent les arbres; et, dans ce nouveau
déluge, la roche qui abrite Jeanne et Marie, per-
dant son équilibre, s'affaisse et engloutit les deux
sœurs, sans leur faire d'autre mal que de les couvrir de sable humide. Aucune issue ne s'offrant à
leurs yeux, elles furent obligées de s'en remettre
au ciel pour leur délivrance.

Cet orage terrible avait fait promptement revenir Dunois au rendez-vous. Il apprend que les

princesses sont à cueillir des fleurs dans la vallée..... Aussitôt, bravant l'intempérie affreuse, il
vole, il cherche, il appelle..... Partout un silence
glacial!... Enfin, en passant près d'un éboulement
de fraîche date, il croit entendre de sourds gémissements!.... Il n'en doute pas, quelqu'un est enseveli sous ces ruines! Vite, il creuse, il fouille au
pied du roc et s'y introduit. A peine est-il parvenu
en rampant dans un espace un peu libre, qu'il
sent une main froide qui presse faiblement la
sienne; au comble de la joie, il s'empare de la
personne qu'il reconnaît, l'entraîne avec une
peine infinie hors de ce tombeau, la dépose non
loin de là, au pied d'un arbre, et lui dit :

« — Que je suis heureux de vous avoir sauvé
» la vie, et de pouvoir vous déclarer mes senti-
» ments! Je vous aime plus que tout ce qui est
» au monde.....

» — Ah! Dunois, mon cher Dunois! répond la
» jeune fille, je vous aime aussi plus que la vie,
» dont graces à vous je jouis encore!.,. » C'était
Jeanne qui parlait ainsi.

A ce son de voix qui ne trompe jamais un amant,
Dunois reprit d'un air consterné :

« — Hélas! madame, vous êtes dans l'erreur,
» et je me suis mépris... » Et il disparut comme
un éclair.

» — Barbare! lui cria-t-elle, que ne m'as-tu
» laissée où tu m'as prise!... » Et dans son désespoir elle tomba évanouie.

En la quittant, Dunois était retourné sous le rocher par l'ouverture qu'il avait faite : il tâte, il
cherche et trouve le corps presque froid de celle
qu'il aime. Ce n'est qu'avec des efforts incroyables
qu'il parvient à la sortir de cet abîme. Il la trans-
porte au pavillon où l'on eut toutes les peines
du monde à la rappeler à la vie. Bientôt chacun,
muni d'un flambeau, courut à la recherche de
Jeanne qui ne revenait point; mais nul ne la ren-
contra.

Le jeune homme eut encore une fois l'idée de
s'introduire sous la roche éboulée; et là, il trouva
enfin la malheureuse enfant qui s'y était réfugiée
pour y mourir!... Il l'en retira, et l'on prit un soin
extrême à cacher sa mort à Marie; elle ne l'apprit
que quand elle fut parfaitement remise. Cette catastrophe causa une si grande consternation, que
l'on rentra immédiatement au palais où l'on demeura encore une dizaine de jours.

Dunois ne manqua pas de choisir cet instant
pour demander la main de celle qu'il venait de
sauver; et la reine ayant acquiescé à cette demande, les deux amants se virent plus souvent, et

ils eurent la liberté de sortir ensemble. Presque tous les matins ils venaient faire ici un douloureux pélerinage; ils s'agenouillaient au pied de ce rocher sous lequel Jeanne avait perdu la vie, et ils adressaient pour elle une prière au Tout-Puissant. Puis Dunois menait sa jeune amie sur le point de vue qui est tout proche, et le visage tourné vers le champ de roses de l'aurore, ils s'extasiaient devant ce magnifique tableau.

Marie avait recouvré sa santé première et sa vivacité naturelle. Sa beauté était d'autant plus séduisante, qu'une teinte de mélancolie ajoutait encore à son effet. Ses yeux bleus, sa figure charmante, sa légèreté quand elle effleurait le gazon de son petit pied, ses graces touchantes, sa chevelure blonde et bouclée ravissaient tellement le jeune homme que, ne se possédant plus, il tombait à genoux devant elle, en la suppliant de l'appeler son ami, son sauveur; et l'enfant, qui n'avait encore connu d'autre amour que celui de la Divinité, mais que son cœur commençait à éclairer sur la nature de ses sentiments, lui disait avec cette naïve innocence du premier âge:

« — Vous m'aimez donc bien, mon doux ami;
» que je suis heureuse!

» — Comment ne vous aimerais-je pas, Marie,
» vous avez le ciel dans les yeux?.... »

C'est ainsi que ce couple aimable attendait le moment qui devait les unir : amour pur, amour respectueux, tu es un avant-goût des joies célestes.

Cependant, Marie étant restée quelques jours invisible, à leur première entrevue, Dunois remarqua un léger changement sur la personne et dans le caractère de sa fiancée; et un jour qu'ils étaient venus prier au pied de ce rocher fatal, l'amant dit avec tristesse :

« — Pourquoi l'espérance de bonheur qui me
» console ne paraît-elle plus avoir pour vous de
» charme? d'où vient votre mélancolie? que vous
» ai-je fait? pourquoi me fuyez-vous, Marie?... »

A ces paroles qui peignent l'amertume de l'âme, le front de la vierge s'inclina, et ses lèvres pâles laissèrent échapper ces mots qu'elle prononça avec tout ce que l'amour peut avoir de chasteté :

« — Dieu sait que mon cœur n'est point chan-
» gé, mon cher Dunois; mais apprends un secret
» qui nous fera rougir : Le père Angelo qui nous
» aime et ne nous a jamais trompés, m'a dit,
» avec prières de ne le révéler qu'à toi seul, que
» nous sommes enfants du même père, c'est à
» dire frère et sœur!..... Vois maintenant si nous
» devons songer à l'hyménée...... Mais Dieu est

» indulgent dans ses voies, puisqu'il permet que
» notre amour soit augmenté d'une affection plus
» sainte : N'est-ce pas ainsi que les anges s'aiment
» dans le ciel? et pourtant qui n'envierait leur
» bonheur!... Adieu, tu es mon frère ; embrasse
» ta sœur avant de nous séparer!..... Le couvent
» me réclame; sois sûr que j'aimerais mieux
» dormir à tes pieds, dans ta tombe, que de for-
» mer une autre union.

» Toi, poursuis la gloire qui t'est destinée; et à
» l'heure du trépas, que mon souvenir, que le
» nom de Marie soient mêlés à ta prière; je
» n'exige rien de plus. Adieu, encore une fois,
» reprit-elle en regardant les cieux; il est un
» monde où les âmes sont libres!..... »

Le jeune homme, non moins religieux que son
amante, comprit tout ce que cette résolution avait
de pénible et d'indispensable : « Adieu, adieu!
» s'écria-t-il désespéré; les derniers rayons du
» sentiment et de la vie s'effaceront de mon cœur
» avant que je perde le souvenir de ma sœur
» et de mon amie! »

Leurs adieux ont été recueillis dans une romance
dont voici le dernier couplet :

Adieu donc, ame de ma vie!
Accomplis ce vœu solennel,

Afin que Dunois et Marie
Restent purs devant l'Eternel.
Que mon souvenir t'accompagne ;
Un jour, loin d'un monde oppresseur,
Dieu, sur la céleste montagne,
Me rendra l'amante et la sœur !

Marie prononça ses vœux au couvent de *Poissy*. Dunois quitta la France pour aller combattre les Sarrasins. Mais, avant de s'éloigner définitivement, il voulut revoir encore une fois son amante, sa sœur chérie, et c'est de leur dernière entrevue que parle cette vieille ballade :

Partant pour la Syrie,
Le jeune et beau Dunois, etc.

Depuis ce temps, ce site porta le nom de *Rocher des Deux-Sœurs*. Il fut toujours religieusement visité. Mais de notre temps, il y a beaucoup moins de dévotion que de curiosité et d'amour dans ces pélerinages.

———

Continuons notre promenade en suivant ce petit sentier dont on ne connaît pas l'origine ; il nous guidera le long de l'immense vallée de la *Solle*, dont les gorges et les caps présentent des coups d'œil magnifiques. Bientôt nous rasons une ravine étroite et sombre que la nature enfanta, sans doute, dans l'une de ses convulsions. Un certain

effroi vous saisit à cet aspect! à droite, ce sont
des rochers que les orages minent insensible-
ment; à gauche, c'est une cascade de rochers,
un précipice à faire frémir des chèvres ! Et parmi
ce chaos, tout ce que la fiction peut inventer :
de la mousse, du gazon, de beaux ombrages.
Quelle impression doit éprouver le Parisien qui
vient ici pour la première fois ? car, à l'Opéra, à
Versailles ou ailleurs, jamais les créations du luxe
ne produiront un pareil effet.

Notre sentier fait un détour fantasque, et nous
voilà sur l'autre bord de la ravine. L'esprit émer-
veillé, nous parcourons mille détours au milieu
des blocs dont se hérisse le sol en cet endroit, et
qui paraissent n'offrir aucun passage. D'autres
fois, nous reprenons possession du ciel et domi-
nons l'espace, environnés de vieux arbres et de
masses informes dont les sommets, véritables jar-
dins aériens, laissent pendre une chevelure de
lianes qui atteste que ces rocs sont vierges de pas
humains. Ici, la main de l'homme ne paraît nulle
part; évidemment, la terre y est sans maître;
aussi manifeste-t-elle librement sa force créatrice
et désordonnée.

Nous débouchons sur une large route faite par
M. de Boisdhyver. Avant de la parcourir, il nous

faut faire quelques pas à droite, vers un vaste carrefour étoilé de sept routes, et qui rappelle un fait historique.

Louis XIV vint à Fontainebleau, au mois d'août 1683, le surlendemain de la mort de *Marie-Thérèse*, son épouse. Le chagrin qu'éprouva ce monarque ne l'empêcha pas de se livrer au plaisir d'une partie de chasse. Il poursuivait le cerf d'assez près, lorsque son cheval fit un faux pas et tomba sur les genoux : le roi, désarçonné, fut jeté à quatre pas sur le gazon, et se démit le bras gauche.

L'adroite Maintenon, alors dans la plus haute faveur, accourut à la hâte, se montra désolée de cet accident; et fit planter, quelques jours après, ce beau hêtre isolé et environné d'un tertre de gazon, que nous voyons à gauche. Il indique la place où tomba Louis XIV.

Retournons sur nos pas afin de parcourir la large route qui, dans ses courbures, domine toute la vallée, et offre à chaque pas de vieux colosses d'arbres et d'autres beautés d'un aspect singulièrement théâtral. Mais comme, ici, les faits historiques abondent, nous serons sobre de descriptions.

Nous sommes à la *fontaine Mont-Chauvet*, l'une

des naïades de la forêt. Ici, trois points méritent d'être visités : à gauche, des rochers curieux et des cavernes bizarres, dont l'une est nommée la grotte de *Paul et Victorine* : c'est une histoire moderne. Le sommet de ces roches offre une perspective d'un tel caractère de sévérité sauvage qu'on ne se lasse pas de l'admirer. En bas se trouvent des endroits riants, frais et voluptueux, où fourmillent de vieux arbres dont quelques-uns ne sont plus que des spectres ; aussi ont-ils été mille fois reproduits par les artistes.

Le nom du second site indique assez qu'il possède de l'eau ; avantage qui lui procure, dans les beaux jours, de nombreuses visites. Des paysagistes, une foule de jeunes gens y arrivent comme des volées d'oiseaux : les uns cherchant des inspirations, les autres de folles équipées ou des plaisirs champêtres. La fontaine est artificielle ; elle est le produit de l'eau pluviale qui s'infiltre dans le sol et s'arrête à l'endroit qui est la partie la plus déclive du roc.

Près d'elle est un vieux chêne aux immenses bras verts. C'est le chêne *le Saint-Louis.* Il rappelle un souvenir.

Châteaubriand visita quelquefois notre ville. Il y vint en 1825 et procura des secours à une famille malheureuse de ma connaissance, mademoi-

selle C. C'est ce qui me procura l'honneur de le
conduire en forêt. Je l'amenai ici, et il s'appuya
tout rêveur contre ce bel arbre, en murmurant ces
quelques vers :

Forêt silencieuse aimable solitude,
Que j'aime à parcourir votre ombrage ignoré.

. . . .

Le poète fit une petite pause, et je lui dis :
« En 1809, Napoléon s'est aussi appuyé contre
» ce chêne, à la place même où vous êtes. » A ces
mots, le chantre d'Attala se retourna aussi brusquement que si l'arbre eût été de feu..... il le toisa
de la tête au pied, en me faisant répéter avec détails
cette circonstance.

Parcourez tous ces sentiers, escaladez tous ces
rocs, explorez tous ces réduits, déchiffrez toutes
ces inscriptions, et vous verrez que depuis longtemps l'écho de ces parages a retenti des accents
joyeux d'une foule bruyante. Remarquez, au fond
de la cavité naturelle de ce rocher, le millésime
1702 : il rappelle une historiette que nous lisons
dans un *Ségraisiana*.

On sait que sur la fin de son règne, Louis XIV,
affaibli moins par l'âge que par le chagrin et la mol-
lesse, était complètement gouverné par madame de
Maintenon. Cette dame menait de front sa fantaisie
de prosélytisme et les affaires de l'état. En 1702,

tandis que le roi était indisposé, la favorite avait fait préparer dans la forêt de Fontainebleau, et près d'une fontaine, une collation champêtre à laquelle devait assister les dames les plus aimables et les plus qualifiées de la cour, de jeunes seigneurs, des ambassadeurs et des hommes de lettres. Il s'agissait, pour madame de Maintenon, de connaître et de déjouer certaines intrigues politiques.

La table était dressée près de la fontaine et à l'ombre d'un gros chêne. En attendant l'heure fixée, la troupe folâtre se disperse, s'égare au fond des bois, dans les rochers, et sur la pelouse des verts gazons; s'amuse à graver des chiffres sur la pierre ou sur l'écorce ; se livre enfin à toutes les folies permises dans ces récréations. Le festin, servi splendidement, fut sans gêne, comme à la campagne. Après le chapitre de la politique, la conversation dégénéra et devint gaie jusqu'à la grosse plaisanterie. Les convives, animés par les spiritueux, ne répondaient plus qu'en plaisantant aux questions de leur grave présidente.

— Messieurs, les conversions ont-elles été nombreuses, le mois dernier?

Et comme un profond silence fut la seule réponse de l'assemblée, madame de Maintenon ajouta :

— Messieurs, le Maître ne sera pas content.
Ce n'est pas assez de faire son salut; il faut tra-
vailler à celui des autres : qu'en pensez-vous, de
Saint-Aulaire?

Celui qu'on interpellait ainsi, répondit par ce
quatrain si galant et si connu :

> La divinité qui s'amuse
> A me demander mon secret, etc.

— Trêve aux plaisanteries, Messire Apollon!
reprit la maîtresse du festin.

— Quant à moi, dit *Lafare* avec gravité, je tiens
pour mécréants tous ceux qui n'approuvent pas
les paroles de notre auguste dame!

Et en disant cela, il remplissait son verre et le vi-
dait d'un seul trait.

— Vous trouvez donc ce vin délicieux? observa
quelqu'un avec malice.

— Je suis trop bon chrétien pour haïr ce que
notre Seigneur aimait, comme il l'a prouvé aux
noces de Cana en Galilée.

Et il remplit de nouveau son verre, et le mit encore une fois à sec.

— Par ma foi, dit une dame, si votre zèle religieux est égal à votre altération, c'est vous qui
aurez en France la palme des conversions; et
cela, sans préjudice de votre poésie qui est charmante.

— *Amen*, belle dame. D'ailleurs, il est certain qu'*aimer, chanter et boire*, est le plus beau vers de la langue française. Il exprime, chez moi, des idées qui vont de pair avec le besoin de respirer : l'amour est saint, chanter est sage, et pour ce qui est de boire, Dieu n'a-t-il pas dit : *siquis sitit, veniat ad me.*

Cette philosophie ne parut pas trop scabreuse, puisqu'il ne s'éleva aucun murmure improbateur. Et l'on continuait à faire disparaître les vins et les crêmes avec une admirable promptitude, lorsque quelqu'un reprit ainsi la parole.

— Vive la vie champêtre ! Il faut avouer qu'elle a son prix, et que l'existence de nos premiers pères n'était pas sans charmes.

— Oui, répondit-on, pourvu qu'ils eussent des anges qui leur fissent la cuisine, et que le vin d'Aï coulât en abondance de la vigne du Seigneur.

— Voyez, dit un autre, comme le genre humain se perfectionne : dans les premiers temps de Rome, il était défendu aux chevaliers de boire de vin avant l'âge de trente ans. Et quant aux femmes, il leur était interdit pour toute la vie!

Un cri d'horreur accueillit cette observation.

— Les Romains étaient des payens et damnés!...

s'écria le plus turbulent. Messieurs, j'en appelle à vos consciences, qu'y a-t-il de plus séduisant qu'une belle entre deux vins ?

A ces mots, l'austère Maintenon fronça le sourcil et dit :

— Sur ce point, ma conscience me défend de me taire : sachez, monsieur l'épicurien, que si vous ne faites pas, un de ces jours, un bon *peccavi*, vous saurez ce qu'il adviendra à votre seigneurie.....

— Quoi ? la grillade ?... erreur, belle dame, erreur profonde !... Dieu qui est bon, nous a créés pour être heureux, et je ne pense pas qu'un peu plus ou moins de plaisir sur la terre puisse changer ses volontés à notre égard.

— O ciel ! Mais que pensez-vous donc des cinq propositions ?..... Respectez au moins les principes, la vérité, la raison.

— Je n'entends rien aux cinq propositions; il n'y a pas de principe absolu : tout peut être modifié selon la circonstance, et presque toujours la vérité n'est que le fait accompli. Quant à la raison, sans doute elle nous éclaire : elle nous fait voir le but de la vie, comme on voit au fond du lac, la vase infecte où sont les vers qui attendent le corps du naufragé !

— Mais vous êtes fou !... où avez-vous donc puisé cette endiablée philosophie ?

— A l'école du bon sens, madame ; et je n'en changerai que quand on m'aura nommé un saint ou un sage, qui n'a point été persécuté... *Démocrite*, que nous appelons fou, vécut le plus vieux et le plus heureux des hommes..... Donc, le bonheur consiste à écarter les sujets de chagrin : c'est pourquoi je vous prie de faire disparaître ces flacons vides, et de les remplacer par d'autres plus vermeils.....

— Juste ciel ! quelle morale !..... Vous finirez par avouer que notre destinée est étrangère à la cause suprême qui siége là-haut.

— Non pas, non pas ; je reconnais, au contraire, qu'il existe des rapports intimes entre le ciel et la destinée de l'homme. Voyez plutôt : en ce moment, le soleil se couche dans les bois pour reparaître demain avec plus d'éclat ; puisse-t-il en être de même de votre serviteur.

Et il s'étendit sur un banc de gazon, en fredonnant ce couplet bachique attribué à Saint-Aulaire.

AIR : *Aussitôt que la lumière.*

Soleil éclatant de gloire,
On voit pâlir tes rayons,
Quand dans l'eau tu mènes boire
Tes beaux coursiers vagabonds.

8

Mais quand, te levant de l'onde,
Je vois ton éclat divin,
Je me dis : dans l'autre monde,
On les abreuva de vin.

Et ce couplet à peine achevé, le chanteur ronfla d'une façon très bruyante.

Cette manière de pérorer et d'agir étonna fort tous les convives..... C'est un Camisard! disaient les uns. C'est un huguenot, un partisan de Malboroux! pensaient les autres. Qui donc a introduit cet homme parmi nous? dit l'austère favorite..... Personne ne voulant ou n'osant le dire, il se fit un instant de silence, pendant lequel un homme de service vint prévenir l'assemblée, que l'on voyait des tourbillons de flammes et de fumée s'élancer du sein de la ville de Fontainebleau. Aussitôt l'effroi s'empare de de la société; on plie bagage et l'on rentre immédiatement au palais.

On ne se trompait pas : le pavillon des armes, le clocher de la chapelle, la galerie des Chevreuils et l'orangerie du Palais étaient la proie des flammes !.....

Mais cet incident est étranger au sujet que nous traitons ; continuons notre promenade.

A deux pas de la fontaine, est un endroit, à peu près plane, d'où l'on découvre une grande partie de la vallée. C'est le point de vue de la réunion.

C'est là que, dans les parties champêtres, on met ordinairement la nappe du festin : que de gambades et d'espiégleries se firent en ce lieu ! que d'aimables propos, que de cris de joie ces échos répétèrent et répéteront encore !!... On s'en éloigne à regret, car le cœur éprouve un certain faible pour les sites consacrés aux amusements, et qui n'ont jamais entendu que les accents du plaisir.

Nous reprenons notre route sinueuse et bordée de bruyères, de genevriers et de bouleaux; et nous arrivons à une esplanade circulaire qui mérite bien une petite pause.

Nous avons sous les yeux l'immense *vallée de la Solle* qui a la forme d'un fer à cheval, et dont le pourtour est découpé de caps et de gorges d'un effet très pittoresque.

> . . . . On dirait un antique bassin
> Victime, à l'orient, d'impétueux ravages,
> Et dont l'onde infidèle aurait fui les rivages.
> *Poème de la Forêt.*

Le fond est accidenté de plaines, de collines, de rocs et de bois. A gauche, depuis le sommet du cercle jusqu'en bas, se déroule une admirable végétation, nappe de verdure qui cache le sol le plus abrupt, le plus bouleversé qui fut jamais.

En face de nous s'étend le Mont Saint-Germain, où se voit la curieuse *Grotte-aux-Cristaux*, dont nous avons, le premier, fait une description complète.

> . . . . Rocher de bizarre structure,
> Où l'invisible main de la docte nature
> Taille en groupes charmants le roc cristallisé, etc.

C'est au-delà de ce point qu'est placée la *Table du Grand-Maître*, sur laquelle eut lieu, le 21 avril 1814, l'incendie du drapeau et la communion militaire; scènes que l'on peut lire dans nos précédents écrits. Tous les guerriers du monde s'inclinent et sont pris d'émotion en présence de cette table, instrument d'un fait unique dans l'histoire.

Enfin, plus loin encore, et toujours dans la direction du nord, se cache mystérieusement la *Mare-aux-Évées*, appelée par les bûcherons: le Bain des Anglais, parce que plusieurs de ces messieurs s'y sont noyés !..... Ce lac engendre de nombreux et jolis coquillages qui lui sont particuliers.

Un peu sur la droite, nous apercevons le cône de la *Butte Saint-Louis*, où ce roi, étant à la chasse, tomba entre les mains d'une bande de voleurs dont il fut bientôt délivré. Puis, à l'horizon, s'éloignent les vertes campagnes qui vont s'unir aux teintes plus pâles du ciel.

Notre promenade se continue au milieu des sites

les plus variés. Si l'on est à l'époque du réveil
printanier de la nature, votre marche est environnée d'une foule de petits papillons jaunes qui
s'empressent de jouir de leur existence éphémère ;
ils n'ont peut-être pas huit jours à vivre !... Voyez-
les voltiger de branche en branche sur les fleurs
d'or de genêt ; du genêt dont les troupeaux, aussi,
broutent les pointes pour se guérir de leurs ma-
ladies : qui donc leur a enseigné cette méthode cu-
rative ?.....

Mentionnons encore deux jolis points de vue.
Le dernier domine la montagne appelée *Crève-
Cœur*. Le marquis de ce nom étant resté, un jour,
un peu tard à la chasse, poursuivait avec beaucoup
d'ardeur un cerf aux abois. Arrivé à ce point, il
n'aperçut pas la pente rapide qui était devant
lui, et roula, avec son cheval, dans la vallée sans
se briser les os. Il en fut quitte pour une indispo-
sition. Le nom du marquis est resté à la montagne.

Maintenant, en suivant la route qui est la plus
proche de la vallée, nous reprenons possession
des bois ; adieu les perspectives. Mais aussi, quelle
joie ne causent pas, dans la chaleur du jour, l'ombre et l'agitation harmonieuse du feuillage. Mais,
comme les plus belles contrées du monde sont

privées d'un grand charme, lorsqu'elles ne rappellent aucun souvenir, et quand elles ne portent l'empreinte d'aucun événement, nous arrivons vite au pavé de Melun, point où s'est passé, à une époque fatale, un fait historique.

Le 17 février 1814, à huit heures du matin, le général *Alix*, avec sa division, arriva au bas de cette montagne dont le faîte était couronné par la cavalerie hongroise. Cette montée, qui ne peut être tournée à cause des ravins qui l'environnent, était d'autant plus périlleuse pour les Français, que l'ennemi avait eu le soin de couper des arbres et d'en former des barricades sur la route. Ce fut notre infanterie qui s'élança! Après l'échange de la fusillade, les Hongrois se voyant près d'être abordés, se retirèrent à quelque distance; puis, quand ils virent arriver vers eux notre premier peloton tout essoufflé, ils s'apprêtèrent à le charger, et peut-être l'auraient-ils rompu..... mais aussitôt nos fantassins se dispersèrent sous bois, et, retranchés derrière les arbres, firent un feu de tirailleurs sur les Hongrois forcés, alors, de se retirer. Ainsi que nous l'avons dit autre part, l'ennemi fut repoussé de Fontainebleau avec perte d'une douzaine d'hommes et quelques chevaux.

De l'autre côté de la grande route est une large cavalière qui paraît aller dans la même direction que la montagne : nous devons la prendre pour achever notre promenade.

Nous marchons au milieu d'un jeune taillis qui n'offre aucun souvenir. Mais rappelons-nous, à défaut d'autres idées, que les bois ne devraient pas nous être chers seulement à titre d'utilité domestique : toutes les fois qu'une crise financière éclate dans l'État, ce sont les forêts qui viennent à notre secours ; on les vend ou on les engage, et on les rachète ensuite ; elles ont donc plusieurs fois sauvé le pays, ce qui doit les rendre chères à tout bon patriote.

Arrivés à un carrefour situé au pied d'une hauteur composée de rochers, nous montons, à gauche, à travers un site majestueusement fracassé. Cette route est due à M. de Boisdhyver, elle contourne une grande partie de la montagne, et procure plusieurs points de vue admirables. Envisageons, d'abord, le sol que nous foulons.

Ce plateau, uniquement formé d'un banc de roches, est hérissé d'inégalités et de fondrières où pullulent de vilaines bêtes ! On y trouve une collection de rochers les plus bizarres et les plus curieux du monde, depuis la forme de l'éléphant

jusqu'à la structure du coquillage; aussi la végétation y est-elle rachitique.

Certes, on peut venir étudier ici l'ame de silence. Cependant il y est parfois interrompu par
le croassement des légions de corbeaux cente-
naires qui passent sur vos têtes : mélancolique
image des steppes affreux de la Russie!... Nous
n'irons point à la découverte dans ces parages;
guidé, dans nos études descriptives, par une aspiration continuelle vers les beautés de la nature;
nous n'avons eu que trop l'occasion de peindre
ces Thébaïdes. Tenons plutôt nos regards du côté
de l'est et du septentrion.

Ce n'est point ici un cadre médiocre, une fantaisie de palette : c'est un tableau d'une étendue
majestueuse, une perspective aérienne et terrestre,
un véritable charme oculaire!..... Sur nos fronts:
les abîmes du ciel. Devant nous et à nos pieds:
un espace que, de la hauteur où nous sommes,
l'on dirait plane, mais qui se compose de gorges et
de délicieuses collines. Au loin une perspective
immense, graduée de zônes, de tons, et semée de
villages épars dans les bois, dernier reflet de
notre Gaule antique. Et quel éclat quand le soleil
brille! voyez si on ne dirait pas que la nature ré-
serve ses plus belles teintes pour ce qu'il y a de

plus éloigné. C'est un aspect si saisissant que, pour peu que l'imagination joigne ses rêves aux sensations que vous éprouvez, vous croyez être sur la montagne miraculeuse où l'Eternel envoya aux patriarches *Jacob* et *Zacharie* leurs célèbres visions apocalyptiques.

Mais parlons des lieux plus rapprochés de nous. Nous voyons facilement d'ici le carrefour de la *croix de Toulouse*, où fut toujours fixé le rendez-vous des chasses Saint-Hubert. Uu peu au-delà est le bosquet du *Pavillon-Chinois;* kiosque élégant bâti par les ordres de la reine Marie-Antoinette, et où elle se rendait souvent pour y suivre les progrès de la végétation d'arbres exotiques qu'elle y avait fait planter. Nous engageons le promeneur à pousser jusque-là; il verra dans toute leur beauté ces végétaux étrangers. Mais le pavillon a été détruit en 1793.... Dans un petit livre intitulé : *le Lever de l'Aurore*, nous trouvons l'anecdote suivante qui se rattache à ce point :

En 1776, pendant un voyage à Fontainebleau, voyage qui coûta 1,200,000 francs, Marie-Antoinette, alors âgée de 20 ans, se rendait souvent au Pavillon-Chinois. Un jour qu'elle y était venue avec la cour pour chasser le cerf, une jeune dame de L..., jolie personne à la taille de sylphide, à l'œil radieux et vif, à la bouche enfantine, au front pur comme une marguerite des champs, et ayant les pieds chaussés de petits brodequins écarlates, montait un coursier qui paraissait très docile.

Tout-à-coup, usant du privilége de jolie femme pour avoir des caprices, elle lança sa monture au galop sur l'une des routes sableuses qui avoisinent une montagne. Comme on la savait excellente écuyère, on se contenta de la suivre des yeux. Mais, soit qu'elle eût glissé ou voulu descendre trop brusquement de cheval, elle tomba à terre sur ses pieds; et, dans cette chute volontaire ou accidentelle, ses vêtements restèrent accrochés au pommeau de la selle; et, l'animal ne voulant point s'arrêter, elle fut obligée de le suivre à la course pour ne pas être renversée et traînée sur le sable.

Aussitôt deux cavaliers, MM. de C... et de F..., quittent le rendez-vous et s'élancent dans la direction de la pauvre dame.

— Restez, restez, monsieur le comte, dit l'un d'eux en courant, ceci est mon affaire et mon devoir.

— Ne prenez pas cette peine, monsieur le duc, répond l'autre en essayant de le dépasser, moi seul je dois secourir cette jeune personne.

Et ils poussaient leurs chevaux à outrance.

— Ne vous ai-je pas défendu de me suivre !...
reprenait le premier.

— Pourquoi donc m'accompagnez-vous? poursuivait le second.

— Ignorez-vous que j'ai le droit accordé par la
nature ?

— Et moi, j'ai celui que donne l'amour.

— Vous êtes un présomptueux !.....

— Et vous un insolent !.....

— Vous me ferez raison !.....

— Quand il vous plaira !.....

Et en se querellant ainsi, ils approchaient de
la jeune dame dont la situation réclamait plutôt
l'assistance d'une femme que d'un homme, puisque le cheval n'allait plus qu'au pas, et que, sans
la fatigue qui l'accablait, elle aurait pu se délivrer elle-même. Et notez que l'amazone, confiante
dans son habileté en équitation, négligeait toujours de porter les sous-vêtements d'usage.......
Cette vue enflamme de jalousie et de colère les
deux rivaux : implacables ennemis, ils tirent
spontanément leurs couteaux de chasse, et sans
plus songer à la dame, ils se livrent à un combat
désespéré dans lequel l'un des deux champions
eut probablement perdu la vie, si d'autres chasseurs ne fussent venus les séparer. Bientôt arriva, à fond de train, une calèche brillante : c'é-

tait Marie - Antoinette qui venait au secours de
sa dame d'honneur, laquelle fut alors délivrée
aussi pudiquement que possible.

Au rendez-vous, le roi, informé de cette affaire,
réprimanda sévèrement, et même disgracia M. le
duc et M. le comte.

Nous terminerons cette promenade par notre
petit complément habituel.

Selon nous, le chemin le plus agréable pour
rentrer en ville, c'est de descendre la montagne
et de remonter ensuite dans la direction qu'elle
indique : on arrivera à la croix d'Augas, sans
quitter les bois. Cependant, si l'on voulait encore
explorer les rochers, on trouvera à une centaine
de pas, à droite, en descendant, un vieux sentier
qui conduit à l'arche de Noé, roche fort curieuse.

FIN DE LA TROISIÈME PROMENADE.

PROMENADES ET IMPRESSIONS

DANS LA FORÊT.

—

QUATRIÈME SECTION.

—

POINTS DE VUE ET BOCAGES.

> . . . . Ici je viens souvent
> Rêver, prier, chanter, jeter mon ame au vent...

La barrière de Valvins sera, cette fois, notre point de départ. Entrons sous cette magnifique avenue de platanes en suivant l'un des chemins latéraux. La ville est un foyer d'intrigues et de petites passions; aussi entre-t-on toujours avec joie dans la campagne. On y respire un air suave et animé par le chant de l'alouette qui, du sein des blés, prend son vol vers le ciel. Les yeux se reposent agréablement sur des champs fertiles en moissons et en pâturages; et la satisfaction qu'on éprouve fait envisager avec moins d'aigreur les biens et les maux de la vie.

La campagne offre encore un autre charme qui

atteste l'industrie humaine. Presque toutes ces richesses végétales sont originaires des contrées lointaines, et ont été apportées à diverses époques : les céréales viennent de la Haute-Asie ; le noyer et la vigne de la Grèce ; la pomme de terre de l'Amérique ; l'artichaut et la betterave des bords de la mer Noire ; le chanvre et l'oignon de l'Egypte ; l'abricot, le cerisier, le pêcher de la Perse ; les prunes de Damas ; et l'île de Lemnos nous a fait présent de ces beaux platanes qui nous ombragent en ce moment

L'embarcadère du chemin de fer mérite bien quelques lignes. Cet endroit, quoique peu élevé, n'en est pas moins un site très joli. La locomotive passe ! Voilà le chef-d'œuvre de la mécanique moderne. L'emploi de la vapeur est également le sublime de l'invention humaine. Que sera-ce quand cette découverte aura reçu toute la perfection désirable ! Il est des hommes qui passent leur vie à sonder les mystères de la science, et produisent des chefs-d'œuvre qui, en améliorant le sort des masses, feront l'admiration de l'avenir : cela ne prouve-t-il pas que le talent a quelque chose de divin ?

Les fouilles nécessitées par le nivellement des lignes de fer ont mis à jour de fort beaux morceaux de bois pétrifiés. Comment quelque chose de si périssable que du bois a-t-il échappé à tant de siècles ! Quelles impressions vous fait éprouver ce végétal, autrefois l'ornement d'un monde détruit, et aujourd'hui transformé en pierre !

Nous entrons en forêt par la brèche du mur opposé. C'est une voie nouvelle dont l'ouverture n'est pas assez déterminée. Il faudrait là une forme quelconque de monument, avec une inscription imitée du *Dante* :

> *Per me si va nella stanza frondosa.*
> Je conduis sous de frais ombrages.

Passons ; le chemin est large et a des contours gracieux ; le sol est blanc et ferme, la montée insensible. Après les chênes viennent les pins ; après les pins, les broussailles et le désert. Ici la nature ne se montre guère prodigue de ses richesses ; ne l'accusons pas : elle produit plus dans un endroit, moins dans un autre, mais elle produit partout.

Tous ces buissons sont fort suspects, je vous en préviens ; gardons-nous de mettre le pied dans ces nids de vipères, et avançons.

A chaque pas le spectacle s'agrandit, l'horizon se dessine davantage, et l'on arrive comme au sommet d'une tour. Quel point de vue ! Une idée sainte, un transport sublime s'emparent de toutes

les facultés de l'âme en présence de la grandeur et de la magnificence de cette scène. C'est
ici qu'il faut venir surpendre l'aurore, et dire avec
le poète :

Déjà de rose et d'or une teinte légère
Déploie à l'horizon sa beauté passagère ;
Bientôt l'astre de feu, qu'un bras divin conduit,
Chasse en d'autres climats les ombres de la nuit,
Et, montrant aux humains son image adorée,
D'une vive splendeur inonde l'Empyrée.

Et l'on s'extasie d'admiration devant ces prodi-
ges, comme si les choses les plus étonnantes de la
nature n'étaient pas un jeu pour elle.

Cette esplanade faisait les délices de l'ex-roi
Louis–Philippe. C'est ici, qu'en novembre 1847,
il se fit déployer tous les plans du chemin de fer.
Il y passa plus d'une heure en contemplation.
Avait-il le pressentiment qu'il y venait pour la
dernière fois ?...

Nous nous éloignons de ce point de vue ravis-
sant, mais c'est pour mieux le voir et en faire la
description.

Voyez à droite, et près d'un petit monticule, cette
roche isolée que tous les vents du ciel caressent
avec amour ; malgré la mutilation que le temps
et les hommes lui ont fait subir, elle est encore
énorme, et offre à son sommet un belvéder déli-

cieux. Sur sa face méridionale se détache une mystérieuse tête de femme : c'est *Némorosa*, reine
des bois, à qui un voyageur excentrique adressa
une déclaration d'amour qu'il appliqua sur le rocher. Voici un fragment de cette pièce de vers :

. . . .

L'ombrage est votre chevelure,
Vos traits semblent sortir du roc,
Vous avez un dais de verdure,
Et pour trône un énorme bloc.

A braver le sort toujours prête,
Les yeux à l'occident vermeil,
Vous buvez l'eau de la tempête
Et vivez des feux du soleil.

Vous aimer est le bien suprème !
Un jour le beau *Réné* l'osa :
Me voulez-vous aimer de même,
O rèveuse *Némorosa* ?

Mais avant d'en venir aux amours de Némorosa,
montons sur ce rocher dont la position est des plus
heureuses : on y embrasse au moins les six-huitiè-
mes parties du cercle.

Voyez, au nord, et presque à vos pieds, cette
belle savane de chênes, que de la hauteur où nous
sommes, on prendrait pour une vaste prairie dont
le vent ondoie la surface ; mais le bruit des clo-
chettes détruit l'erreur en révélant la présence des
troupeaux invisibles qui paissent sous ses ombrages. Plus loin, est *Héricy*, autrefois fortifié.

9

En face de lui, se cache *Samois*, ancienne ville dont nous aurons à parler. Un peu à droite, la Seine coule derrière ce rideau de peupliers. A peine la voit-on ; elle semble honteuse de se voir supplantée par le chemin de fer, son rival terrible qui la dépasse en vitesse.

Au-delà, sont de riches campagnes légèrement inclinées vers le fleuve : vaporeux lointain parsemé de villages, de châteaux et de nappes de verdure que l'astre du jour peint de ses plus beaux rayons. On ne se lasse point d'admirer cette mosaïque de bois, de champs et d'habitations dont quelques-unes sont à trente kilomètres de distance. Si le soleil trouve une issue à travers les nuages, aussitôt il forme des îles de lumière sur la pelouse, et la campagne s'embellit de ces apparitions fugitives, qui passent comme des lueurs d'espérance au fond du cœur.

Au sud-est, par l'une des coupures de ces collines, on distingue le joli village de *Thomery* et son précieux vignoble au doux raisin dont notre ville s'approprie la renommée. Plus près de nous s'étend le frais hameau de *Changy* au milieu de son riant potager. Enfin, à nos pieds et tout autour de nous, les versants de la montagne sont couverts de ruines agréablement ornées de buissons d'aubépines, de ronces et de genevriers, d'où s'exhale un parfum aussi doux que l'haleine silencieuse des fleurs.

Le rocher même sur lequel nous sommes, mérite aussi notre attention. Cette plate-forme n'a pas quarante mètres du superficie ; eh bien, elle représente en petit l'image de la forêt tout entière: ses inégalités sont les protubérances du sol ; là se trouvent implantées, on ne sait comment, toutes les essences d'arbres à l'état d'arbrisseaux, et même toutes les fleurs de nos bois.

La singularité de cette petite collection placée sur un roc, entre le ciel et la terre, cause une bien douce rêverie au sage qui, après les heures de travail et d'ennuis, trouve le repos et la joie dans la contemplation de la nature.

Un fort et triple bouleau, qui fait l'office d'un cyprès, ombrage ce rocher et justifie pleinement le nom qu'il porte depuis près de cinq siècles :

Tumulus Deliæ, Tombeau de Délia.

C'est sur cette roche que se sont passées des scènes d'amour les plus fantastiques ; et comme les descriptions empruntent toujours leur charme à la vérité historique, le promeneur ne sera pas fâché de connaître cette histoire dont la tradition populaire a gardé le poétique souvenir.

HISTOIRE DE RÉNÉ, CHEVALIER DE FONTAINEBLEAU

Et de NÉMOROSA, Reine des Bois.

Légende.

La moitié de la vie est en proie à des songes!

On était au milieu de l'été de l'année 1360, époque de la captivité du roi *Jean*, et lorsque l'Anglais, piqué de nos refus de signer une paix humiliante, nous faisait une guerre si acharnée. Le fils du roi d'Angleterre, le prince de Galle, surnommé le Prince-Noir à cause de ses cruautés, venait d'être repoussé d'*Orly* et de *Saint-Fiacre* en Parisis, et il s'était jeté en furieux sur le Gâtinais, saccageait les villages et en livrait les jeunes filles à la brutalité de ses soldats. Divers échecs qu'il éprouva encore lui firent prendre la résolution de se retirer sur les bords de la Loire où se trouvait le roi de Navarre, *Charles-le-Mauvais*, son allié. A cet effet, il remontait la rive gauche de la Seine, et arrivait à *Samois*, ville haute, à la tombée de la nuit.

Au même instant, un cavalier couvert de ses armes, sort de la ville et s'élance dans la forêt, tenant sur son palefroi une jeune fille baignée de larmes.

Il franchit rapidement plusieurs sombres taillis, arrive au pied d'un mont dont la croupe regarde l'Orient, et qui s'élève entre *Samois* et le hameau où se trouve le palais du roi Saint-Louis. Là, il attache son coursier à un arbre, prend la jeune fille dans ses bras, monte par un sentier peu connu, arrive au point culminant de la montagne, et s'approche d'une roche immense dont la face méridionale présente une grotte naturelle; il y dépose sa belle éplorée, la rassure par quelques mots, s'éloigne ensuite, enjambe son destrier et retourne au galop à la bataille.

Ce jeune homme était le chevalier Réné de Fontainebleau, ami de Broquart de Fenestrange, et parent d'Olivier de Clisson. Il était le modèle et le désespoir de tous les guerriers de son temps, par sa taille, sa bonne mine, sa courtoisie et sa vaillance. Epris d'amour pour une jeune villageoise du canton, et connaissant les affreux procédés de l'Anglais, avant de combattre, il avait voulu mettre en sûreté celle qui lui faisait rêver le bonheur sur la terre. La jeune bachelette se nommait *Délia*; elle était charmante et possédait les plus douces vertus.

> Vierge de dix-sept ans, dont les yeux tour à tour,
> Ou pétillent de joie, ou languissent d'amour.

Les voiles de la nuit avaient à peine couvert le

monde, que déjà les Anglais s'étaient emparés de
plusieurs maisons de Samois et les avaient li-
vrées aux flammes. Les habitants surpris, épou-
vantés, fuyaient de toutes parts, abandonnant leurs
demeures à l'incendie. C'est alors que René arriva dans la ville basse. Il donna promptement
l'ordre de sonner le tocsin dans tous les villages
des alentours ; puis, réunissant à lui bon nombre
d'hommes déterminés, ils marchèrent ensemble
à l'ennemi.

L'Anglais, mieux aguerri et parfaitement dis-
cipliné, les repoussa plusieurs fois ; mais, se-
courus par les villages de l'autre côté de la Seine,
les habitants revenaient toujours à la charge en
plus grand nombre. Le prince de Galle, jugeant
que, si les choses se continuaient ainsi, il allait
avoir affaire à une armée considérable, s'avisa
d'une ruse qui le sauva : il se mit à la tête d'un
fort détachement formé de ses plus intrépides
soldats, parvint dans la ville basse, à la faveur
de la nuit et par des chemins détournés, s'empara
du pont qui était alors sur la Seine et en fit couper
plusieurs arches, afin qu'on ne vînt plus au secours des assiégés.

Mais cette diversion avait considérablement affaibli ceux des siens qui combattaient dans la ville
haute. Réné, s'étant aperçu de ce mouvement et crai-

gnant d'être pris, comme on dit, entre deux feux, surexcita l'ardeur des habitants, et tous ensemble se jetèrent, comme des lions, sur l'ennemi, et en firent un affreux massacre! L'endroit où se livra cette bataille est encore appelé *le Cimetière des Anglais.*

Le prince Noir, voyant la défaite de son principal corps d'armée, ne songea plus qu'à faire sa retraite en bon ordre. Mais, en se retirant, selon sa coutume sauvage, il semait partout l'incendie. C'en était fait d'une partie de la belle forêt de *Bière*, si Réné ne se fût autant occupé de faire éteindre tous ces feux, qu'à poursuivre un ennemi qui fuyait. Les Anglais n'eurent pas le temps de ravager les villages d'Avon et de Fontainebleau, mais ils dévastèrent complètement le monastère de Franchard; après quoi, ils prirent la route de Chartres où ils arrivèrent plus que décimés.

Réné, après avoir éteint jusqu'à la dernière étincelle de l'embrâsement, revint seul et joyeux près de sa bien-aimée. Il hâtait, autant que possible, l'heureux moment de cette réunion désirée..... Mais qui peut compter longtemps sur le bonheur?

Délia, effrayée du tumulte de la bataille et des

nombreux incendies que la nuit rendait encore plus terribles, s'était mise en prières et conjurait le ciel de protéger ses parents et de veiller sur les jours de son cher chevalier. Tandis qu'elle était à genoux, les mains jointes, une vipère sort furtivement du roc, s'enlace autour de sa jambe, et lui fait une affreuse morsure!..... L'infortunée pousse un cri d'effroi et tombe évanouie. Le venin corrosif du reptile n'en développe pas moins toute sa malignité, il gagne les organes respiratoires, et finit par étouffer la jeune fille!.....

> Tendre fleur qui, naguère, et rieuse et jolie,
> Inspirait l'innocence et la joie et l'amour!

Plus de la moitié du jour était accomplie, lorsque Réné, brisé de fatigue, couvert de poussière et plein d'amour, montait la montagne escarpée et se rendait à la grotte. Quelle fut sa surprise et sa douleur en trouvant Délia étendue morte sur le sable!..... Il devina bien la cause de son malheur; et, s'armant de courage, il ne crut pas devoir porter les restes de son amante vers l'enceinte destinée aux sépultures; il fit sur elle les plus ferventes prières, et la déposa au pied de la roche dans un tombeau qu'il avait creusé de ses propres mains, et qu'il arrosa de ses larmes; puis il renferma dans son sein ce triste et pieux mystère; et chaque jour, dès que la nuit étendait son

voile sur la nature assombrie, Réné venait s'asseoir et rêver sur le rocher au pied duquel Délia
avait rendu le dernier soupir en priant pour lui.

Là, son âme ardente, exaltée par la passion et
l'infortune, s'égarait dans de mystiques visions;
et le délire donnant à ses rêveries toutes les apparences de la réalité, il voyait Délia dans les
nuages, et ne cessait de parler à cette amante
adorée. Il adjurait le ciel, les esprits de l'air de lui
rendre sa douce compagne. La nuit se passait
dans ces divagations plaintives, et jamais il ne
quittait ces lieux avant la naissance jour. Il passa
près d'une année dans de pareilles occupations.

La moitié de la vie est en proie à des songes!

On était en automne : un jour, cédant à la
douce influence de l'air embaumé du soir, il s'était
livré à des rêveries beaucoup plus profondes que
de coutume: le silence des lieux était en harmonie
avec l'obscurité. Tout à coup le temps changea,
l'air se remplit de nuages couleur de feu, l'ouragan fit entendre ses majestueux gémissements; et
la forêt, par son murmure, semblait répondre à
l'hymne que soupirait le ciel.

La nuit roulait aux cieux le char de la tempête!

Ce spectacle sublime réveilla dans l'âme de
Réné ses souvenirs d'amour et ses visions; il crut
entendre une mélodie étrange autour de lui... C'est

alors que tout entier à la contemplation de ses
propres idées, il revint à sa chimère habituelle.

— Délia, cruelle amie! s'écriait-il, est-ce toi
qui erres autour de moi sans te montrer à mes
regards? sans effleurer mon front de ta main ca-
ressante? sans daigner me faire entendre ta voix
chérie?... Il est vrai que je suis cause de ta mort.
Mais n'ai-je pas assez expié ma faute involon-
taire!... Que n'ai-je fini mes jours en combattant!
au moins nous serions réunis..... Sans toi la vie
m'est insupportable; prends pitié de mon sort;
reviens, ah! reviens, ne fût-ce que pour m'en-
traîner au néant!...

A peine eût-il prononcé ces derniers mots, qu'il
vit venir à lui, sur son rocher, un fantôme aux
formes les plus fantastiques, mais qui n'avait rien
de terrible. Ce n'était pas la pauvre Délia; c'était,
comme elle, une de ces créatures aimables que
l'on adore, elle avait le beauté de la plus belle
des femmes, quoique d'une physionomie plus
sévère.

Sur un profil, d'une adorable pureté, où rayonne
un œil noir et divin, se dessine une bouche incer-
taine entre le sourire et l'extase. Elle était vêtue
comme la Velléda antique : ses pieds et ses bras
étaient nus; sa robe, d'un vert tendre et drapée

avec grâce, était semée de muguet, de fraises, de violettes, etc. La souplesse de sa taille se laissait voir sous ses draperies ; elle avait la tête garnie d'une épaisse chevelure de feuillage, et son front était orné d'une simple couronne de fleurs des bois.

Réné, ébloui par cette soudaine apparition, demeura muet et immobile de surprise.

Le fantôme prononça ces paroles d'une voix aussi harmonieuse que le souffle de la montagne.

— Pourquoi gémir éternellement, et troubler ainsi le calme silencieux de mes rochers ? Pourquoi consumer tes beaux jours à appeler un être désormais insensible? Délia ne peut plus t'entendre, et elle te vient dire par ma voix de prendre une autre amie.

— Une autre amie, répliqua tristement le chevalier, que le tombeau s'ouvre pour moi plutôt que de manquer à mes promesses?

— La mort de ton amante t'a délié de tes serments, et l'amour ne saurait vivre sans l'espérance: tu es libre et tu n'ignores pas qu'il faut à l'homme une compagne sur la terre.

— Le souvenir de Délia suffit à mon existence.

— Et si ton affection était nécessaire au bonheur d'une autre, pourrais-tu la lui refuser? la plongerais-tu dans la douleur? veux-tu vivre pour toi seul?

Le chevalier, enhardi par l'autorité et la douceur de ces paroles, leva les yeux sur l'aimable apparition et dit avec une émotion visible :

— Je ne puis aimer deux personnes à la fois.... Qui donc aurait la puissance de me faire oublier celle qui m'est ravie?

— Moi! reprit la jeune femme, avec un gracieux sourire; je te connais depuis longtemps, je t'ai vu combattre, et ta valeur m'a charmée; tu as sauvé de l'incendie, et peut-être de la destruction, cette belle forêt qui est mon asile; tu mérites ma reconnaissance. Ton caractère, ta loyauté me charment, tu n'es point fait pour subir le joug d'une passion vulgaire et maintenant sans objet. Sans oublier complètement ta Délia, ouvre ton âme à une affection moins terrestre; aime celle qui s'offre à tes regards, et que n'ont jamais vue les yeux d'aucun mortel.

— Mais qui êtes-vous donc, être mystérieux qui cherchez à me consoler?

— J'appartiens à la hiérarchie céleste : je suis la reine de cette forêt que tu as conservée; mon palais est invisible sous ces ombrages, et je me nomme *Némorosa*.

Je suis reine en ces lieux, et quand l'orage gronde,
C'est ma voix qu'on entend sous la forêt profonde.

— Ah! si telle est votre puissance, rappelez
Délia à la vie, rendez-moi ma compagne.

— Le destin est irrévocable; il t'en a séparé
pour jamais!..... Eh quoi! refuserais-tu un honneur, un bonheur qui ferait mille jaloux? Ai-je
donc si peu de charmes à tes yeux que je ne puisse
être aimée?

— Je ne suis point injuste : vous êtes aimable
et digne d'être aimée. Mais, pardonnez-moi ma
franchise, tout à l'heure j'ai voulu presser votre
main, en signe de reconnaissance, et je n'ai senti
qu'un air élastique qui s'est échappé de mes
doigts..... Je vous aimerais, sans doute, mais vous
n'êtes qu'une illusion, et.....

— Je suis de création aérienne, il est vrai;
mais suis-je invisible? ne suis-je pas à tes côtés?
n'entends-tu pas ma voix? ton âme a-t-elle besoin d'autres communications que celles de l'esprit? ton entendement se refuse-t-il à comprendre
des liens d'une nature intellectuelle?

— Ah! le ciel m'est témoin que je n'admets
rien dans mes sentiments qui ne soit pur et lé-
gitime : toute mon ambition se borne à aimer et
à plaire.

— Avec moi, tu jouiras de ces deux avantages,
et ils ne seront pas soumis aux vicissitudes de la
vie. De plus, je dissiperai ton ignorance, le sa-

voir te sera familier ; tu posséderas le génie des bardes : tu chanteras la vertu, les belles actions, les bois, les orages, et tu seras admiré.....

— Ne serai-je pas plutôt haï et persécuté ? Dans un siècle où tout ce qui porte le cachet du génie est tourné en dérision, et où tant d'hommes se posent en obstacles continuels au développement de l'intelligence ? Ah ! lorsque l'enthousiasme et la foi ont fait place au dédain et au dénigrement, les talents sublimes sont presque toujours fatals à ceux qui les possèdent.

— Au moins tu ne peux nier que la science ne soit une émanation divine. Rien par conséquent ne doit en détourner l'homme qui a des sentiments élevés.

Le bonheur, ici-bas, n'est qu'amour et savoir.

Mon amant ne doit pas rester dans la foule des profanes ; quand ton intelligence sera perfectionnée, je te découvrirai les vérités immuables qui régissent le monde ; tu connaîtras les secrets de la nature, et je t'apprendrai à en modifier les divers phénomènes. Quand tu seras un adepte parfait de nos premiers mystères, je t'imposerai le pouvoir des évocations surnaturelles : tu converseras avec les esprits élémentaires dont je fais partie ; et peut-être, à force de persévérance, t'élèveras-

tu jusqu'à la notion parfaite de l'essence universelle.

— Ah! c'est trop de séductions à la fois! ce
que vous dites n'est-il pas une chimère. Vos paroles me plongent dans un indicible ravissement;
je céderai sans doute à leur prestige, car il n'est
rien sur la terre et dans le ciel que je ne brûle
de connaître et d'admirer. Et cependant, malgré
mon faible pour les choses de l'inconnu, elles me
séduisent sans m'éblouir, et je sacrifierais gloire,
science, domination, à l'entraînement du cœur, à
la douceur d'aimer et d'être aimé. Épargnez donc
à mon esprit tous ces rêves brillants, et dites-moi
si c'est de l'amour ou de l'adoration que vous me
demandez. Dans ce monde de merveilles où je
vais pénétrer avec vous, serez-vous toujours une
ombre pour moi? Cette bouche si pure, ces yeux
si beaux, ces formes si séduisantes resteront-elles
une illusion, un corps impalpable? A l'heure du
silence et du mystère, votre cœur battra-t-il contre le mien? Sentirai-je sur mon front votre
souffle embaumé? Obtiendrai-je un gage suprême
et réel de votre amour? Aurai-je une épouse
enfin?

— Je vois que tu recèles encore en ton sein
des feux profanes; tu prends plaisir à dégrader
ton âme en la nourrissant de folles pensées; mais

il faut avoir pitié de toi. Si tu veux mériter
le bonheur que je te fais entrevoir, écarte ce
nuage grossier qui offusque ta raison ; élève ton
esprit au-dessus de toute idée grossière et maté-
rielle, spiritualise tes affections ; les choses po-
sitives flattent le cœur et les sens, mais elles ont
peu de charmes pour une âme telle que je veux
rendre la tienne.

Mais, hâtons-nous, la nuit s'écoule et je dois
disparaître avant le jour : tous les soirs tu vien-
dras m'attendre sur ce rocher où je ne tarderai
pas à paraître ; si tu venais accompagné, tu m'y
attendrais vainement !... Après t'avoir préparé à
l'initiation par l'épreuve du silence, ou plutôt
par les conversations silencieuses de l'âme avec
la nature, je te dévoilerai les merveilles que je
t'ai promises. Alors commencera entre nous cette
union mystique qui est une anticipation aux joies
de la patrie céleste ! et tu échangerais cette féli-
cité contre les caresses d'une femme ! Je ne suis
qu'une ombre, dis-tu ; depuis quand les illusions
ont-elles moins de charmes que la réalité ? Rien
n'est-il plus doux que ce qui est dans les nuages
de l'espérance ?..... Au reste, l'amour pur et saint
peut faire des miracles : confions-nous aux destinées de l'avenir.

Voici mes dernières paroles : pour être à moi, il

faut que tu sois initié; es-tu prêt à recevoir le signe réparateur ?

Réné, déjà transformé par cet étrange entretien, s'approche de l'apparition et dit :

— Je vous jure foi, amour et dévoûment, faites de moi ce qu'il vous plaira.

L'ombre alors, élevant le bras, fit sur le front, sur la bouche et sur le cœur du jeune homme, trois signes mystérieux accompagnés d'une invocation secrète; attouchement symbolique qui le mettait sous l'influence et sous la protection des esprits de l'air; après quoi Némorosa lui présenta sa main. Réné s'en saisit, la pressa, la porta à ses lèvres; car, cette fois, ce n'était plus un vain simulacre : c'était bien la main douce et blanche d'une jeune fiancée que l'hymen engage à son amant. Tous deux s'éloignent, alors, et disparaissent sous la profondeur des bois qui bornent l'horizon du nord.

Depuis ce temps, on n'a plus entendu parler de Réné. Mais, comme il était bon, généreux et vaillant, et que Némorosa, sa nouvelle amie, ne manquait ni de grâces, ni de vertus, il est à croire qu'ils vécurent heureux; ou bien la divine providence ne serait pas telle que se plaisent à le proclamer les sages de tous les temps.

10

Voici l'explication moderne de cette légende :

La Reine des Bois.

Il est au front de la montagne,
Près d'une roche, un fier bouleau
Qui se penche vers sa compagne,
Comme un cyprès sur un tombeau.
La nuit, et quand l'orage sombre
Fait entendre sa grande voix,
C'est là que vous parle dans l'ombre
Némorosa, Reine des Bois.

Etes-vous un rêveur austère
Qui, par le doute combattu,
Voulez connaître le mystère
Du savoir et de la vertu ?
Ah ! pour résoudre ce problème
Qui met votre esprit aux abois.
Venez près du rocher qu'elle aime,
Consulter la *Reine des Bois.*

A la beauté qui vous captive
Faites-vous les plus doux serments,
Et cette belle inattentive
Se rit-elle de vos tourments ?
Pour soumettre cette ame fière
Au joug des amoureuses lois,
Il suffit d'une humble prière
A l'auguste *Reine des Bois.*

Mais quand un couple plein de flammes
Vient ici le soir d'un beau jour,
Et que s'échappe de leurs ames
L'aveu d'un pur et tendre amour :

« Des amants soyez le modèle, »
Leur répond une douce voix,
« Le bonheur c'est l'amour fidèle ;
» Croyez-en la *Reine des Bois.* »

Grâce à l'amour qui sait tout embellir, l'imagination sourit à cette chimère qui, au moyen-âge, fut pourtant le dogme des intelligences. Aujourd'hui même, on a quelque peine à se livrer à d'autres idées, tant la fiction a d'empire sur notre esprit. Quel lieu pourrait être plus favorable aux inspirations de ce genre ? Ici, notre âme, comme une vision ailée, plane à son gré sur l'étendue ; cherchant tantôt la fraîcheur des vallées et tantôt le front des montagnes : nous ressemblons à ces esprits de l'air qui vivent d'espace et de soleil.

Le promeneur, s'il est ingambe, ne manquera pas de se porter sur la roche multiforme qui est à côté de nous ; le versant qu'elle domine porte une teinte de sauvagerie qui impose ; beaucoup d'oiseaux y font leurs nids ; on y voit aussi quelques lapins auxquels on ne manque pas de jeter des pierres : quelle créature tranquille peut être vue et conserver la paix ? Lors de la première publication de cette promenade, et bien que nous ne soyons pas partisan des nouveaux sentiers, nous avons sollicité le percement de deux petites voies sur ces versants ; elles ont bientôt été faites : celle de droite conduit à l'oratoire de l'infortunée *Délia;* à gauche on verra la grotte de *Georgine,* et bien d'autres rochers curieux.

Il serait injuste de ne pas dire un mot de la jolie route que nous suivons. Jusqu'en 1832, il n'y avait que les habitués de la forêt qui osâssent s'aventurer sur cette crête où il n'existait qu'un étroit sentier, que l'on peut voir encore sur la falaise de droite, lequel était si dangereux qu'on n'y marchait qu'avec crainte, à cause des reptiles. Et encore, lorsqu'on était arrivé où nous sommes, il fallait revenir sur ses pas, la croupe orientale étant si abrupte, si embarrassée qu'on ne pouvait y mettre le pied. Cet état de lieu devait changer sous un administrateur intelligent : Monsieur de Boisdhyver fit ouvrir cette large route que l'on peut parcourir et même descendre en voiture. Ajoutons que son successeur, monsieur Leclerc, prenant en considération les intérêts du pays, a contribué à embellir encore cet admirable passage.

Ici nous pouvons, à notre choix, ou fouler la pelouse d'un vert gazon, ou marcher sur un sol blanc et ferme comme du bitume; pas le moindre danger possible : un petit rampart vous rassure contre le danger d'une glissade dans le ravin de gauche, où l'on admire les sinuosités de la route tail-

lée dans la montagne, vaste ruban blanc déployé
sur un fond vert, et dont les courbures ont toute la
grâce possible : c'est ainsi qu'est faite dans les Alpes, la route Napoléonienne du *Simplon*. Au milieu
de ces masses d'ombrages, dont les différentes
zônes de verdure font disparaître l'uniformité, apparaît la chaîne blanche et courbe du *Viaduc* percé
de ses trente arcades. Cette construction quasi
féérique au milieu des bois, ressemble à ce pont
miraculeux que *Satan* jeta sur l'antique abîme,
quand il vint corrompre l'innocence de nos premiers parents.

. En ce moment, passe la brûlante locomotive,
noir reptile dont la tête de feu traîne un long pa-
nache de fumée. Une autre machine vient en sens
contraire : vont-elles se broyer dans le choc ? Non,
elles se croisent en se lâchant une double bordée
d'éclairs et de bruit, et disparaissent derrière la
montagne comme une vision qui s'efface !

Les ravines qui sillonnent les flancs de ce versant, sont des carrières mille fois exploitées. Ces
travaux joints à la chétive qualité du sol, ont dû
les rendre longtemps incultes ! Aujourd'hui, elles
se couvrent d'une assez belle végétation. Une
grande vérité ressort de ces changements : c'est
que partout où l'homme perd ou néglige ses droits,

la nature, aussitôt, reprend les siens, et fait sortir une vie nouvelle de ce qui paraissait voué à une éternelle stérilité.

L'univers est rempli de ces métamorphoses ;
Les plus vieux monuments sont couchés sous des roses.

Ce point passe pour être le plus élevé de la forêt. Le sol de la ville étant à quatre-vingts mètres au-dessus du niveau de la mer, si l'on ajoute à cette élévation la hauteur de la montagne, on conçoit que l'influence d'une atmosphère moins dense doit se faire sentir. Il semble aussi que, dans l'été, on doive être dévoré des ardeurs du soleil ; il n'en est rien. Ce site, ouvert de toutes parts, reçoit un air vif qui tempère la chaleur du jour. On se croit transporté sur l'une des collines de l'Helvétie, et l'on fredonne involontairement une *Tyrolienne* des Alpes.

Enfants que l'amour accompagne,
Accourez belles et pasteurs ;
Ce n'est qu'au front de la montagne
Que les plaisirs sont enchanteurs.
Le sol est rouge d'églantines, etc.

Cette belle promenade est très visitée pendant les beaux jours ; et elle le serait bien davantage, si les dissipations de la vie ne nous faisaient oublier la nature. Cependant, il fait très froid l'hiver ici ; et l'on s'étonne d'y voir une aussi belle végétation. Il est vrai que le chêne supporte 25 degrés, et le bouleau 36 degrés de froid sans périr. Ces arbres vivent ensuite dans des climats dont la chaleur est de 70 degrés.

A l'angle d'une clairière de bouleaux, nous inclinons à gauche pour arriver au Calvaire. La ville de Fontainebleau placée au fond de son golfe d'ombrages, se montre tout entière et dans toute sa beauté ; c'est un coup-d'œil dont la vue ne peut épuiser l'admiration. Que de choses nous aurons à dire dans l'ouvrage qui suivra celui-ci ! Aujourd'hui, deux mots seulement.

Là, plus que partout, on devrait être heureux et sage : l'air y est sain, les promenades belles et nombreuses, les rues larges et propres, la vie aisée, le peuple habituellement tranquille, les femmes jolies, aimables et bien mises : que d'éléments de bonheur ! Mais il y a une ombre à ce tableau..... pourquoi messieurs *Bouilly*, *Béranger* et d'autres écrivains, n'ont-ils pu y séjourner longtemps ? Avouons-le : c'est que chez nous on aime peu les lettres et peu ceux qui les cultivent.

Continuons notre promenade en circulant autour de cette croix de pierre : monument triste et divin qui rappelle le *Juste* sacrifié à la jalousie de quelques égoïstes !..... Une très belle allée de pins nous conduit à un carrefour ; puis, en consultant les poteaux indicateurs, nous arrivons, par une route sableuse, à la *Fontaine-Désirée*. Ce joli point de vue sur l'orient, se compose de deux esplanades. Des escaliers descendent au plateau inférieur, où se trouvent une table, des bancs et la fontaine.

Le roi Louis-Philippe, quand il venait à Fontainebleau, ne manquait pas de faire ici une petite pause : la première fois fut un jour heureux ; sa famille était dans la joie. Les jeunes princesses folâtraient comme des enfants ; elles plongeaient à l'envi, leurs petites mains blanches dans cette fontaine dont elles voulaient même boire de l'eau ; le prince de Joinville, leur frère, les en empêcha.

La dernière fois fut un jour funeste : la famille royale, après être venue ici, rentrait au Palais, quand un assassin, *Leconte*, aposté dans le parc, tira deux coups de feu sur Louis-Philippe sans l'atteindre. Revenons à notre point de vue.

A nos pieds, le versant n'offre qu'un pêle-mêle, une profusion de débris et de verdure. Mais au loin, se déploient les belles et riches couleurs des champs, de la campagne et du ciel ; ce qui soulage les yeux du triste aspect des rochers. Au milieu du tableau, la Seine multiplie ses détours, comme si elle quittait à regret cette plage. Ne semble-t-il pas que ce fleuve sépare deux grandes époques du monde? De ce côté-ci, la forêt sombre et inculte; de l'autre, les campagnes cultivées et fertiles : double image de l'état primitif de l'homme et de la civilisation. Quelques souvenirs échappés au naufrage des temps réclament aussi notre attention.

Ces bords de la Seine, *César* et son armée les ont parcourus, tantôt amis, tantôt ennemis de nos pères.

Plus tard, ils ont vu passer les bateaux de cuir des Normands, lorsque ces aventuriers, sous le nom de *Loups de mer*, allèrent en Bourgogne rançonner le duc *Raoul*.

De nos jours, c'est dans ces plaines que le 17 février 1814, Alexandre, venant d'un côté, Napoléon, accourant de l'autre, se disputèrent l'empire du monde!..... Mais ce dernier avait trop fatigué la fortune de ses témérités, et au moment suprême la volage répondit :

    . . . . Qu'il tombe!
    L'oracle au sein des mers a préparé sa tombe!

Il devait tomber : les générations guerrières ravagent et passent rapides comme un torrent. Mais les traces de cet homme sur la terre, seront éternelles comme le monde : c'est ainsi que la gloire s'attache à des rêves coupables, à des entreprises gigantesques ; et la mort et l'oubli sont le partage de l'homme de bien !

En continuant notre marche, nous arrivons à un massif de jeunes bouleaux que nous laissons à gauche. Bientôt se présente à droite une gorge profonde et d'un aspect tout à fait original. Deux versants qui se regardent : l'un offre un tapis vert sur lequel s'élèvent, çà et là, des touffes de genevriers. L'autre se couvre de la sombre végétation d'un millier d'arbres de l'antique forêt.

Après avoir fait quelques pas autour de la vallée, deux routes se présentent : toutes deux ont leur charme et conduisent au même but. Nous suivrons celle de droite. Mais avant, disons quelques mots de ce canton. A diverses époques, nous avons posé plus de cinquante greffes de rosiers sur les églantiers de ces jeunes bois : une trentaine sont venus à bien ; mais au printemps suivant, à notre grand regret, fleurs et arbustes étaient emportés par les promeneurs. Nous avons également mis en terre les noyaux de divers fruits : beaucoup sont levés.

Ce n'est pas le seul attrait de ces bocages : ils recèlent une infinité d'oiseaux chanteurs ; le rossignol, surtout, ce poète des bois, y fait entendre ses harmonienx accents que l'on a plusieurs fois notés, mais que l'on ne saurait comprendre. Sa mé-

lodie est si plaintive que l'âme en reçoit une profonde impression de mélancolie. On cherche l'aimable virtuose, mais il se cache : la modestie est l'a-
panage des grands génies. On dit que ce sont les
oiseaux qui ont révélé aux hommes l'harmonie des
sons. En effet, l'un des plus doux plaisirs de l'âme
devait émaner de ces innocentes créatures, à qui
la folle jeunesse fait une guerre continuelle. Notre
administration accorde une prime aux personnes
qui détruisent les vipères ; nous voudrions bien
qu'elle infligeât une amende à ceux qui dénichent
le rossignol.

A peine sommes nous engagés dans la route de
droite, qu'un nouveau point de vue nous frappe
par la diversité de ses lignes, et par la richesse de
sa composition : au premier plan, le joli village
de Samoreau, puis celui de Thomery. Vingt montagnes différemment éclairées et tous les accidents
de lumière qui en résultent ; vingt gorges sauvages
que la Seine arrose dans ses contours, et au-delà
desquelles on découvre d'autres perspectives ; de
l'ampleur dans les lignes, de l'âpreté dans les profils, enfin, une richesse de nature inimitable. Voilà
l'esquisse de ce diorama.

Avançons. Autour de nous les arbres deviennent
moins serrés et plus élevés, et nous arrivons à un

carrefour étoilé de cinq routes. Celle de gauche conduit d'où nous venons. C'est la droite que nous allons prendre.

Ami lecteur, ou lectrice, qui avez eu la bonté de m'accompagner jusqu'ici, il ne nous reste plus qu'un site à visiter; mais c'est le bouquet : vous savez bien qu'en toutes choses, il faut que la fin couronne l'œuvre. Voyez, au nord, cette montagne isolée et rocheuse; c'est à son sommet qu'il nous faut aller faire peur aux biches et aux chevreuils.

Descendre, traverser directement un carrefour, poursuivre jusqu'à ce qu'on ait la montagne à gauche, et la gravir à travers un sol infréquenté. Cette hauteur escarpée ressemble à celles où le bon *Arioste* a construit les châteaux enchantés qui servent de prisons à ses belles captives. Nous n'avons point d'*Ippogrife* pour y monter; espérons qu'on en facilitera l'accès aux dames.

Encore une fois, ce sol, autrefois si tourmenté, aujourd'hui d'une immobilité imposante, est-il l'effet des boursouflures de l'écorce minérale ou des affaissements longitudinaux ? La connaissance de ces mystères ajouterait de nouveaux charmes à notre existence, et nous aurions de nouveaux motifs d'admirer la sagesse du créateur.

Enfin nous arrivons, et si le temps est quelque peu sombre, si la moindre brume voltige, nous avons pris une peine inutile. Mais si l'air est pur, nous sommes saisis d'une extase muette en présence de l'étendue. Quel singulier détachement des passions terrestres devant cette nature! (On sait que l'aspect du ciel est l'une des grandes joies de la vie.) Que les impressions sont différentes de celles qu'on éprouve dans le monde! Emotions pures comme le silence, célestes comme l'air, grandes comme l'immensité!

Devant nous, quel vaste damier de bois, de champs, de villes et de châteaux! Jamais la terre ne se couvrit d'une décoration plus belle : tout y retrace la vraie richesse, l'abondance et le bonheur des villageois. La ligne extrême est à une telle distance, que la faiblesse de la vue, seule, empêche de découvrir des horizons plus reculés.

C'est pendant une belle soirée d'automne que ce site est vraiment remarquable. L'absence des rayons du jour rembrunit la vallée, mais la montagne est encore lumineuse; et de même qu'à cette heure la nature est plus belle, les cieux, aussi, ont plus d'éclat. Que ne disent point à l'esprit ces belles constellations polaires, ces milliers d'étoiles filantes, fleurs écloses dans les champs de l'infini, et qui ont peut-être quelque affinité avec chaque

âme de notre monde !..... Pourquoi la religion et
la science sont-elles opposées à ce dogme ou plutôt à ce songe ? Il faudrait être indulgent pour tout
ce qui embellit la vie par des idées riantes ou de
vagues espérances.

Qu'on ne s'étonne point de cette aspiration vers
l'inconnu ; placé comme on l'est dans l'espace, sur
la montagne et sous les feux sacrés du firmament,
à moins qu'un violent amour ne vous consume,
on ne peut avoir ici que des rêves du ciel !

Terminons. Le promeneur voit d'ici la direction
à suivre, soit qu'il veuille revenir sur ses pas, ou
qu'il désire se diriger sur la ligne du chemin de
fer ; il serait superflu d'en dire davantage. Cependant exprimons encore une fois le désir de voir
bientôt un sentier aborder cette hauteur où se trouvent de fort belles grottes. L'auteur de ce travail y
attacherait son nom ; car, ici-bas, et c'est avec raison, tout est dirigé vers un but immatériel : le
désir de se survivre..... Et moi-même qui écris ces
lignes, suis-je exempt de cette préoccupation ? Hélas ! non ; je l'avoue, je désire que ce faible écrit
surnage sur le fleuve de l'oubli et me rappelle à
la mémoire des hommes.

FIN.

GROTTE AUX CRISTAUX.

Page 116.

Extrait de nos articles précédemment publiés :

En 1775, un carrier, nommé Laroche, trouva, pour la première fois, les cristaux du rocher Saint-Germain. Cette découverte fit alors tant de bruit, que Louis XVI vint exprès à Fontainebleau pour savoir de quoi il s'agissait. Les carriers lui en présentèrent une magnifique collection ; et tout le monde voulut en avoir à quelque prix que ce fût.

C'est encore un carrier, le sieur Benoist, qui a découvert la nouvelle grotte cristallisée. A l'aspect de cette merveille naturelle, le public va sans doute s'écrier de nouveau : « C'est une chose admirable ! quelle blancheur ! » quelle pureté ! quelle régularité ! quelle finesse de » coupe ! comme ces figures géométriques se groupent » d'une manière pittoresque !..... Pourquoi ces lignes » droites, ces arêtes vives et cette symétrie ?... Qui a fait » cela ?... C'est le temps, c'est le hasard, c'est la na- » ture, etc., etc..... »

Voici la réponse la plus raisonnable à faire :

« Quand le sable pur est mêlé à la chaux carbonatée » quartzifère, il se cristallise en rhomboïdes aigus soli- » taires ou groupés. Ce phénomène est une combinaison » physique : la cristallisation s'opère par l'intermédiaire » de l'eau, des sels et du bitume ; et la force qui réunit » ces diverses molécules a été nommée attraction. »

Ces curiosités minéralogiques sont adhérentes à la masse du roc, ou sont isolées dans le sable, sous la forme de petits rochers plus ou moins ouvragés. Ces derniers sont les plus jolis et les plus estimés. Le plus souvent, ce sont des groupes hérissés d'angles superposés et lancés dans toutes les directions.

Quelquefois (et c'est alors que les cristaux ont de la valeur), au milieu de cette agglomération d'angles, apparaissent plusieurs de ces figures gracieuses appelées : Rhomboïdes. Quand ces lozanges cubiques sont isolés, ils offrent six faces pareilles, ne se différencient que par leur volume, et présentent 24 angles : 12 de 70 dégrés, et 12 de 110, mesure invariable. Il est à remarquer que, quand la cristallisation ne montre que des angles, c'est toujours celui de 70 dégrés, qui a beaucoup de grâce, qu'elle met en évidence : ô coquette Nature !

D'autres fois, renonçant à former des groupes, les cristaux n'offrent qu'une surface plane, ou légèrement convexe, sur laquelle s'élèvent une infinité de petites pyramides triangulaires aussi aiguës que des aiguilles, et d'une vivacité d'arêtes que l'art pourrait à peine imiter.

Les cristaux varient en couleur : il y en a d'un blanc mat ; d'autres sont légèrement bleuâtres et quelque peu lustrés : ce sont les plus beaux. Il va sans dire que plus ils sont brillants plus ils sont durs ; il est clair aussi que leurs poids et densité sont en rapport avec leur force de cohésion.

Tels sont, en peu de mots, les grès cristallisés du rocher Saint-Germain ; et ce n'est pas l'une des productions les moins curieuses de notre forêt. On trouve bien encore des cristaux dans les carrières environnantes, mais ils sont loin de valoir ceux dont nous venons de parler.

Fontainebleau imprimerie de E. Jacquin.

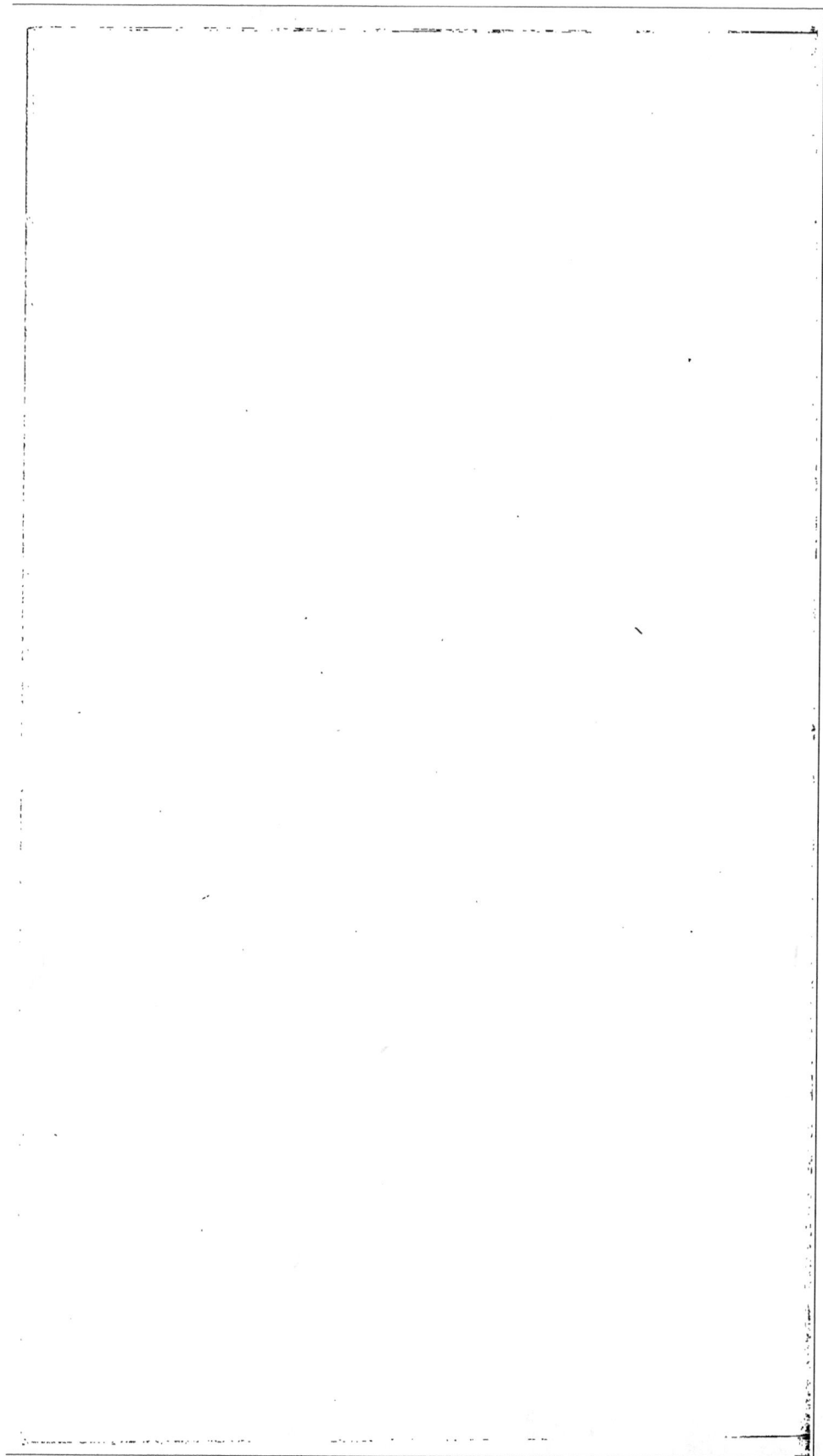

www.ingramcontent.com/pod-product-compliance
Lightning Source LLC
Chambersburg PA
CBHW050012100426
42739CB00011B/2617